古代歷史文化研究輯刊

二八編

王明蓀 主編

第9冊

南宋臨安知府研究（下）

梅哲浩 著

國家圖書館出版品預行編目資料

南宋臨安知府研究（下）／梅哲浩 著 -- 初版 -- 新北市：花
木蘭文化事業有限公司，2022〔民111〕
目 4+178 面；19×26 公分
（古代歷史文化研究輯刊 二八編；第 9 冊）
ISBN 978-626-344-083-8（精裝）
1.CST：官制 2.CST：南宋
618   111010278

古代歷史文化研究輯刊
二八編　第 九 冊　　　　　　　ISBN：978-626-344-083-8

南宋臨安知府研究（下）

作　　　者　梅哲浩
主　　　編　王明蓀
總 編 輯　杜潔祥
副總編輯　楊嘉樂
編輯主任　許郁翎
編　　　輯　張雅淋、潘玟靜、劉子瑄　美術編輯　陳逸婷
出　　　版　花木蘭文化事業有限公司
發 行 人　高小娟
聯絡地址　235 新北市中和區中安街七二號十三樓
　　　　　　電話：02-2923-1455／傳真：02-2923-1452
網　　　址　http://www.huamulan.tw 信箱 service@huamulans.com
印　　　刷　普羅文化出版廣告事業
初　　　版　2022 年 9 月
定　　　價　二八編 27 冊（精裝）新台幣 80,000 元

南宋臨安知府研究（下）

梅哲浩　著

圖目次

第四章　特區體制下的都市事務

　　南宋臨安府在政治、制度上的地位，已在第一章時論及，如同北宋開封府，是首都特區，行在京法，然而開封府職權分割為城內、外，分由開封府、開封府界提點司管理；臨安府無論內、外，皆由臨安府管理，權力遠較北宋開封府集中，這與南宋中央對臨安的依賴性有關，如莊綽所言「紹興初，朝廷所有，唯兩浙、江、湖、閩、廣焉」，[註1]《宋會要》亦載「諸路之賦，悉輸至京者，唯閩、浙焉」，[註2]本論文第三章已提及南宋朝廷以發行東南會子、鹽鈔、關引等手段，使臨安成為票據兌換中心，加上三年舉行一次的科舉、在太學、府學就讀的士人，商旅、考生、官吏、將兵及其家人，還有天災人禍時逃難的流民，其人口壓力是相當大的，故朝廷對臨安城的蠲免和社會福利亦高，[註3]對知府的素質、治理手腕要求亦高，具體方式如「從任命詔書看朝廷對臨安知府的期望」中可略窺知一二，然其中仍因時期因素、政策不同而有矛盾之處，與實際施行的方式有落差；知府的市政工作，大致上與地方府州軍監相同，數量和規模卻超過地方政府；處理市政，一需錢、資源，二需人手，南宋多以錢來徵集，收、支能否平衡即是重大考驗。以下就由任命制誥、施政優先度、行政組織、收支與都市事務、轄下士民對知府的評價分五節論述之。

〔註1〕　（宋）莊綽，《雞肋編》（北京：中華書局，1983年），卷中，〈南宋初員多闕少〉，頁74。

〔註2〕　《宋會要》職官27之51，〈左藏庫〉，冊6，頁3737。

〔註3〕　（宋）周密，《武林舊事》卷6，〈驕民〉，4a，頁819。

第一節　從制誥看朝廷對臨安知府的期望與施政優先順序

　　宋代制誥文書是皇帝任命中、高階官員時所頒發的「王言」文書，通常由兼掌政事與文學的兩制官起草，於特定政務體制下頒降及傳播。作為君主施行人事安排的權力象徵，為國政有效運作的重要環節，制誥文書的重要性特別突出，具有特定文本格式，而在一定程度的範圍內，達到對受文者的針對性和具體化，這就給予撰文者發揮的空間，輕則進行褒貶，重則成為政治鬥爭的材料，所幸此類案例較少，絕大多數的情況，君臣關注、評論的焦點，仍在於制誥文書是否能充分表達帝王之意，以收拾人心。〔註4〕

　　再來談南宋的政治文化，中、高級官員接受任命，總是半推半就，顯得極不情願，〔註5〕皇帝也屢次下達不允詔，表達「非卿不可」的意願，這樣一來一往，形成一種特殊的風格，亦能提供研究者豐富的材料，來瞭解皇帝用此人的理由。以下就現存臨安知府任命制誥、辭免表、不允詔，這三部分進行分析，並在文後列表 3-9，以裨讀者理解這三者現存數、受文者各為何。

一、任命制誥——任命的理由

　　現存任命臨安知府的制誥有 23 篇，佔總任次的 15%，理論上只要是非暫兼的正式任命都應有制誥，在任內轉官也會下制誥，其中說明任命理由，往往並非單一，在此僅以任命時所下制誥內容進行分析和論述。

1. 能安民

　　分別是季陵、張澄、朱晞顏、顏頤仲、王厚之，共 5 人。以季陵為例，見其制書云：

〔註4〕 楊芹，〈抑揚之間風波起：論宋代制誥文書與政治〉，《學術研究》，2014 年第 12 期，頁 97～104。

〔註5〕 以朱熹為例，他 18 歲即中進士，但作官意願並不高，每次出仕都半推半就，顯得極不情願，見（德）謝康倫（Conrad M.Schirokauer），〈朱熹的政治生涯：一項內心衝突〉，收於中央研究院中美人文社會科學合作委員會編譯，《中國歷史人物論集》（臺北：中山學術文化基金董事會，民國 62 年），頁 219～255；南宋官場風氣很壞，清官難以久任，故寧願居鄉講學、造福鄉里，見劉子健，〈背海立國與半壁山河的長期穩定〉，頁 28～30；又見同作者，〈包容政治的特點〉，頁 65、67～70；晚宋士風敗壞，與長期戰爭、冗官造成的財政惡化、皇帝與權相專制、理學流於清談、士大夫道德淪喪有關，見喻學忠，《晚宋士風研究》，四川大學博士論文，2002 年，頁 72～106。

勅：乃者長江失守，敵騎南凌，爰及錢塘，亦陷蹂躪。念戎馬之退，徒委空城，而兵火之餘，尚多失業，肆擇循良之牧，得予侍從之英。具官某學貫聖言，才周世務。處米鹽之密，明既析於秋毫；當盤錯之時，刃亦游於餘地。頃從綸閣，丐領真祠。式資爾雅之文，方復代言之任。屬吳江之謀帥，輟禁掖以掄才，僉曰汝宜，勉為朕往。仍還近職，以示寵章。載念浙江，重罹戎寇。煙塵甫熄，益脩禦敵之方；井邑新殘，務致安民之應。亟迴驛騎，往慰吾人。可。〔註6〕

該制書下達的時空背景是在南宋初期金軍渡江南侵撤退後，所經州縣殘破，在范宗尹的推薦下，任命季陵（1081～1135）為臨安知府，〔註7〕前往安民，任務取向濃厚。

2. 彈壓

張澄、王映、趙不棄、張俁、吳芾、徐誼、趙師䨮、趙立夫、袁肅、顏頤仲、史岩之、馬光祖、洪薳，計13人。以吳芾的任命制書為例：

京師蓋浩穰之地，輦轂以彈壓為先。威不振則盜賊公行，政之修則紀綱具舉。必濟寬之有術，斯救弊而無偏。我得賢能，使之尹正。具官某，材見實用，學非空言，頃達表著之班，疊佩蕃宣之寄。發摘隱伏，雖銖兩之姦皆知；撫字困窮，無尺寸之膚不愛。復入文部，一清武銓。會天府之闕人，稽輿言而出命。顧覆車之當戒，期奠枕而相安。前有趙而後三王，遺風可想；昔無襦而今五絝，惠露是宜。用副選掄，益思幹治。〔註8〕

該制書開宗明義，說明京師需「政先彈壓」，而後又說明要寬濟有術，救弊無偏。考慮到吳芾的前任知府陳輝，因在期限內捕盜不果而去職，令臨安城治安敗壞，動搖都民的信任，任命吳芾為知府，一方面是借助他公正不阿的聲望和善於理財的才能，一方面是為恢復都民信任的政治宣傳。〔註9〕

〔註6〕（宋）綦崇禮，《北海集》（臺北：臺灣商務印書館，民國72年），卷3，〈朝請郎新除中書舍人季陵可除徽猷閣待制知臨安府制〉，7b～8a，收於《文淵閣四庫全書》，冊1134，頁542。

〔註7〕《宋史》卷，377，列傳136，〈季陵傳〉，頁11647。

〔註8〕（宋）洪适，《盤洲文集》卷20，〈吳芾徽猷閣直學士知臨安府制〉，10b～11a，收於《宋集珍本叢刊》，冊45，頁170～171。

〔註9〕（宋）朱熹，《朱文公文集》卷88，〈龍圖閣直學士吳公神道碑〉，12a～14a。

3. 善斷案

張偁、朱晞顏、趙善宣、趙與嵩，以上 4 人。以張偁的任命制書為例：

> 漢以千石高第入守長安，一時名流類著風績。朕於輦轂之下，亦欲
> 參前制而任人。故比年或以循吏得遷，或以漕臣就徙。能者必用，
> 不矜于同。爾開敏有材，深明乎吏道之要。頃分郡寄，治行卓然。
> 來班六條，率職唯謹。凡屬部有不平之訟，及中都有一切之須，皆
> 能審決適中，趣辦無缺。今置之於浩穰之地，而責爾以彈壓之功。
> 若廣漢之發姦如神，若翁歸之絜己自守。惟滯囚之亟去，惟宿蠹之
> 深懲。政或有成，朕不汝棄。可。〔註10〕

上文顯示選擇張偁的理由，即是看重他「審決適中，趣辦無缺」的才幹，寄望
他能彈壓京師之餘，還能解決積訟導致羈押大量嫌犯的問題。

4. 敏於吏治、有治劇之才

張澄、王晚、張偁、薛良朋、趙師䍦、王厚之、顏頤仲，以上 7 人。以
趙師䍦的任命制書為例：

> 六卿率屬，聿嚴平土之司；萬國承流，莫重神臯之寄。肆求已試，允
> 副疇咨。老成重於典刑，蓋踐班聯之舊；吏民服其威信，載觀彈壓之
> 新。具官某智略沈深，風神峻整。輕車熟路，翼乎如遇順風；錯節盤
> 根，恢然其有餘地。久剸繁而治劇，旋入從而出藩。履聲已近於星辰，
> 最課嘗司於輦轂。朕惟京邑之難治，蓋自漢世而已然。前有趙張，後
> 有三王，固已不全而不粹；久者年歲，近者數月，未聞至再而至三。
> 惟卿之才，屢試而見，其除冬官之長，往殫天府之勞。獻納論思，豈
> 止及百工之事；耳目方略，尚能折千里之衝。可。〔註11〕

上文大肆稱讚趙師䍦的才幹，從彈壓、治劇到善斷案，幾乎樣樣精通，兼以
其善於理財、趣辦的才幹，受孝宗賞識，〔註12〕再考慮到其以工部尚書兼知
臨安府時的局勢，正是韓侂冑發動開禧北伐時期，工部下轄軍器所及各作

〔註10〕 （宋）周麟之，《海陵集》（臺北：臺灣商務印書館，民國 72 年），卷 16，〈張
偁除知臨安府〉，收於《文淵閣四庫全書》，冊 1142，頁 124。

〔註11〕 （宋）衛涇，《後樂集》（臺北：臺灣商務印書館，民國 72 年），卷 2，〈太中
大夫寶謨閣學差知廬州祥符縣開國子食邑五百戶趙師䍦依前官特試工部尚
書知臨安軍府事兼管內勸農使充兩浙西路安撫使馬步軍都總管封如故制〉，
23a～24a，收於《文淵閣四庫全書》，冊 1169，頁 491～492。

〔註12〕 （宋）葉適，《葉適集・水心文集》卷 24，〈趙師䍦墓誌銘〉，頁 474～477。

坊，〔註13〕此任命有希冀趙師罿督造軍需物資、兵器的意味在。

5. 善理財

分別是趙不棄、趙善宣、趙立夫、史岩之、馬光祖、洪燾、趙與訔、魏克愚，共8人。以魏克愚的任命制書為例：

> 六飛都杭以來，尹、漕皆治輦下，皆以名卿為之，尹關則漕次攝，或就拜，列聖相承皆然。爾岷峨之英，文靖之子。得于天者高，故心通而神悟；講於家庭者熟，故見廣而聞多。使之陳臬事，主漕計，無擊斷之迹，有治辦之實。朕察其才有餘而用未究者，京兆弄印，無以易堯。其以卿少行大尹事。先朝多命儒臣領開封，所以示表倡而厚根本也，豈必若趙廣漢輩，設鉏篃鉤距以察為明乎！或謂今之京邑至難者有二，曰糴價，曰物估。蓋昔之長於心計者惟劉晏，史稱其能權萬貨重輕，使無甚貴賤而物常平。然則平其末減之價，下其甚高之估，爾必有以處此。孟子曰：「若夫潤澤之，則在子矣。」爾其勉之！可。〔註14〕

魏克愚就任知府的時代背景是南宋末景定年間，上文中提及糴價、物估，即是以官價強制收購糧食、物資，卻又因紙幣貶值，必須印更多紙幣來支付，導致惡性循環，此時賈似道掌權但仍無獨大之勢，而欲行公田法以解決軍需供應、楮幣貶值等問題，故以善於理財的魏克愚為知府。不過，魏克愚反對公田法，終以得罪賈似道而罷。〔註15〕

6. 其他

徐康國、家鉉翁、沈复，共3人。以徐康國為例：

> 紹興府駐蹕日久，漕運艱梗，軍兵薪水不便。可移蹕臨安府，令徐康國日下前去權知臨安府，措置移蹕事務。候席益到，交割府事訖，依舊同共措置。〔註16〕

〔註13〕 《宋史》卷163，志116，〈工部〉，頁3862；同書卷165，志118，〈軍器監〉，頁3921。

〔註14〕 （宋）劉克莊，《後村先生大全集》卷69，〈魏克愚除太府少卿兼知臨安府主管浙西安撫司公事〉，15b～16b，收於《宋集珍本叢刊》，冊81，頁539。

〔註15〕 （元）方回，《桐江集》（臺北：國立中央圖書館，民國59年），卷2，〈讀宏翁弊帚集跋〉，頁179；同前書卷3，〈乙亥前上書本末〉，頁430；《齊東野語》卷17，〈景定行公田〉，頁315；《宋史》卷173，志126，〈農田之制〉，頁4194。

〔註16〕 《宋會要》禮52之13，〈巡幸〉，冊4，頁1923。

本詔書下達的時空背景是紹興元年（1131）宋高宗要從紹興府返回臨安府，命令徐康國和內侍楊公弼先行前往興築行宮、打點移蹕前置工作，〔註17〕任務取向強烈。

　　由於文獻史料散佚之故，未能集齊所有臨安知府的任命制誥，但仍可由現存的現中窺知端倪，雖具備固定格式，內容頗為量身訂造，並非發給中、下級官員的海詞制，而是專詞制，〔註18〕從中得以略為理解朝廷對擔任臨安知府需要具備哪些專長，具備「彈壓」之能者多，次為能理財、治最、趣辦。

二、辭免表

　　辭免表是接獲朝廷任命後，出於政治文化，所上呈的辭免表章，一名知府往往會推辭多次才就任，故表章數也不只一件，在此以「人」為單位，統計出共有 5 人曾在受到朝廷任命時，上辭免表，推辭這項任命，這 5 人分別為孫覿、袁說友、蔡戡、俞俟、趙師𡊅，以袁說友辭免知臨安府劄子為例：

> 京邑浩穰，非他帥比。異時擇任，必以禁塗宿望，才智最優者，乃克稱選。一有濫予，則位貌輕而玩於彈壓，才智劣而謬於牧撫，上孤委使，下速譴呵。如某者，奮身書生，無他能解，疇昔從事，不過佔畢之學耳。浸蒙推擢，屢更劇繁。補拙以勤，僅免曠廢。去夏叨被恩召，旋實都司。偶脫州縣簿書之責，方懼絲毫之無補。茲者天府劇任，文謨寓班，併及屏庸，驚惶失所。重念某才具平凡，心力短弱，而又官卑位下，人微望輕。不惟治劇剸繁，決不勝任，而抑彊扶弱，尤為甚難。蓋當官而行，豈無所拂？怨謗纏集，孤蹤即危。譬如一髮而引千鈞，其為顛覆必矣。知難而退，義合力陳。兼某寓居湖州，亦有薄產，法當迴避。欲望朝廷特賜敷奏，亟回成渙，俾仍舊班，別選一時良牧之才，上副公朝謀帥之意，不勝幸甚。〔註19〕

依照辭免表的內容加以分析，可以看出官員們推辭的理由，大多為私人性質，

〔註17〕（宋）李心傳，《要錄》卷49，紹興元年十一月戊戌條，頁1021：「詔以會稽漕運不繼，移蹕臨安，命兩浙轉運副使徐康國兼權臨安府，與內侍楊公弼先營公室。」

〔註18〕朱瑞熙，〈宋朝「敕命」的書行和書讀〉，《中華文史論叢》（上海：上海古籍出版社，2008年），第89輯，頁115～118。

〔註19〕（宋）袁說友，《東塘集》（北京：線裝書局，2004年），卷10，〈辭免直顯謨閣知臨安府劄子〉，12a～13b，收於《宋集珍本叢刊》，冊64，頁341～342。

不外健康不佳、才力不足、迴避親屬、迴避田產、曾得罪太多人……事實上，這些人仍接受任命，走馬上任，辭免狀算是南宋政治文化中，一種有趣的書狀。

三、不允詔

不允詔亦是南宋政治文化中的特殊文獻，一般認知都以為君主之命，不容質疑、抗拒，不過那是對近世後期即明清時代的認知，宋朝因祖宗之法，對士大夫極為優容，即便是皇帝所下的指揮，如不合清議、公論，仍可能會被大臣駁回，皇帝也只能接受這個事實，可以說辭免表、不允詔就是這種寬容的風氣的產物。

目前收集到的不允詔共有 8 人，以「人」為計算單位的理由如同辭免表，一個人推辭幾次，皇帝就會下幾次不允詔；有時候在知府任內升遷了，對升遷的降詔也會推辭，這時候皇帝也會下達不允詔。可以說，推辭幾次，不允幾次，已是一種慣例。這 8 人分別是吳芾、吳淵、趙師罍、趙善堅、趙與懽、趙與籌、馬光祖、高衡孫。

在不允詔中，有時可以看出朝廷任命該知府的理由是什麼，有時是看重其才術，有時是人品，下將略分列之。

1. 人品

以人品著稱為理由，分別是吳淵、高衡孫、馬光祖這 3 人。以馬光祖為例：

> 勑光祖：以計省兼京尹，其來已久。乃者兵費寖闊，歲事薄收。非止無九年之蓄，幾於無宿儲矣；非止蘇、湖、秀之民艱食，杭民亦貴糴矣。此二職素難，而在今日尤難。朕弄印莫知所屬，問之在朝在野，皆曰非卿不可。朕念卿名位貴重，宜坐而論，不宜又坐而行；然寧考用詔，朕用與籌，皆合省府而並命，二臣亦不以貴而憚勞，矧卿精忠體國，非二臣所敢望歟！都人望卿之來，愍如調饑，抗疏執謙，近於徐行而拯溺矣。卿毋費詞，朕不反汗。〔註20〕

馬光祖是宋末名臣，師從真德秀，學術地位、為官聲望高，以剛正不阿、善治

〔註20〕（宋）劉克莊，《後村先生大全集》卷56，〈賜馬光祖辭免依舊觀文殿學士除提領戶部財用兼知臨安府恩命不允詔〉，9b～10a，收於《宋集珍本叢刊》，冊81，頁410。

兵理財聞名於世，[註21]賈似道視其為政治對手，[註22]由詔書內容亦可見宋理宗對他的期望很深。

2. 才幹

才幹又可以分為彈壓、安兵民、治獄、吏才、理財這五項。

（1）彈壓

趙與懽、吳芾、趙善堅、馬光祖，共4人。

（2）安兵、民

吳淵、趙善堅、趙與懽、馬光祖，共4人。

（3）治獄

趙師𥪡。

（4）吏才

吳芾、趙師𥪡、高衡孫，3人。

（5）理財

趙師𥪡、趙與懽、趙與𥇵、高衡孫、馬光祖，5人。

由於現存不允詔的數量僅佔歷任知府人數的一部份，在不允詔中提及的看重資質也非單一，仍可從其內文中得知皇帝對知府的期許為何，值得一提的是，在降予宗室的不允詔中時常提及「同姓之卿」，以此來勉勵宗室士大夫，不應以私人理由拒絕該任命。以下就現蒐集到的任命制誥、辭免表、不允詔列表，以裨閱覽。

表4-1：臨安知府任命制誥、辭免表、不允詔簡表

編號	知　府	任命制誥	辭免表	不允詔	附　註 （史料來源參見〈附表1〉註腳）
1	季陵	✓			註2
2	孫覿		✓		註5
3	徐康國	✓			註6
4	張澄	✓			註14

[註21] 《宋史》416，列傳175，〈馬光祖傳〉，頁12485～12488；《癸辛雜識》後集，〈馬裕齋尹京〉，頁83～84。

[註22] （日）小二田章，〈『咸淳臨安志』の位置——南宋末期杭州の地方志編纂〉，《中国——社会と文化》28卷，2013年，頁126～127。

5	俞俟		✓		註17
6	王映	✓			註18
7	趙不棄	✓			註22
8	張俣（秀安）	✓			註29
9	吳芾	✓		✓	註38
10	薛良朋	✓			註39
11	沈复	✓			註47
12	吳淵			✓	註57
13	袁說友		✓		註67
14	王厚之	✓			註68
15	蔡戢		✓		註69
16	徐誼	✓			註70
17	趙師𡍩	✓	✓	✓	任命制誥：第二任時，註82 辭免：第三任時，註86 不允詔：第四任時，註94
18	朱晞顏	✓			註76
19	趙善堅			✓	不允詔：第二任時，註88
20	趙善宣	✓			註90
21	趙立夫	✓			註102、108
22	袁肅	✓			註107
23	顏頤仲	✓			任命制誥：第二任時，註122
24	趙與懽			✓	註110
25	史岩之	✓			註111
26	趙與𥱫			✓	註116
27	馬光祖	✓		✓	任命制誥：第二任時，註137 不允詔：第二任時
28	洪燾	✓			註133
29	趙與訔	✓			註142
30	高衡孫			✓	註135
31	魏克愚	✓			註138
32	家鉉翁	✓			註154

任命制誥：23
辭免表：5
不允詔：8

四、施政的優先順序

為政以何者為先？這點，傳統中國執政者的看法莫衷一是，連對中央直轄地、地方政府的治理方式都不同。以唐人為代表的見解是，「輦轂彈壓，州郡惠養」；〔註23〕宋人的見解則彈性得多，宋太宗分享自身體驗，作為即將接掌開封府尹者的參考依據，書云：

> 上謂壽王曰：「夫政教之設，在乎得人心而不擾之爾。得人心莫若示之以誠信，不擾之無如鎮之以清靜。推是而行，雖虎兕亦當馴狎，況於人乎！書云：『撫我則后，虐我則讎。』信哉斯言也，爾宜戒之！」〔註24〕

宋朝以親王任開封府尹者為皇位繼承人，此慣例始於宋太宗。〔註25〕宋太宗任開封府尹，事在北宋初，距離五代不遠，其繼承皇位有諸多疑點，已有許多學者著述論及，〔註26〕在此不再贅述，由上文可知宋太宗對治理京師有其見解，即「得人心，不擾民」；宋朝大臣對治理京師也有其方法，以蘇頌為例，其傳云：

> 元豐初，權知開封府，頗嚴鞭朴。謂京師浩穰，須彈壓，當以柱後惠文治之，非亳、潁臥治之比。〔註27〕

可知蘇頌行的是唐人「京師彈壓，州郡惠養」之法。此外，宋朝亦是官箴書盛行的朝代，從為官、處事到施政方略都有獨到見解，由今人將具有代表性的

〔註23〕《新唐書》卷163，列傳88，〈柳公綽附子仲郢傳〉，頁5024。

〔註24〕（宋）李燾，《長編》卷36，太宗淳化五年九月壬申條，頁797。

〔註25〕儘管宋人均稱宋太祖以宋太宗尹開封，即為儲位的象徵，實際上來說這個「慣例」是從宋太宗開始流傳的。宋人說法，見（宋）張方平，〈上神宗乞早定國本〉，收於（宋）趙汝愚編，《宋朝諸臣奏議》（上海：上海古籍出版社，1999年），卷31，〈帝系門·皇太子下〉，頁310；《玉海》卷129，〈官制·至道南衙〉，頁2386～2387；尹承，《亂世的邏輯：五代皇位傳襲研究》，山東大學碩士論文，2010年，頁49～53。

〔註26〕有名的「燭影斧聲」和「即位改元」問題，見劉子健，〈宋太宗與宋初兩次篡位〉，《食貨月刊》，17卷3、4期合刊，民國77年，頁94～97；王育濟、陳曉瑩，〈宋太祖與他的家人〉，《濟南大學學報·社會科學版》，28卷第3期，2018年，頁116～117；王育濟，〈「金匱之盟」真偽考——對一樁學術定案的重新甄別〉，《山東大學學報·哲學社會科學版》，1993年第1期，頁68～87；（美）賈志揚，《天潢貴胄：宋代宗室史》，頁20～21；顧宏義，《宋初政治研究：以皇位授受為中心》（上海：華東師範大學出版社，2010年），頁122～342。

〔註27〕《宋史》卷340，列傳99，〈蘇頌傳〉，頁10864。

五種官箴書合集出版的《宋代官箴書五種》可見一斑，其中收錄之《百官箴》
特別有一篇針對京尹的官箴，指出為京尹需身正才能服眾，體用兼備才適中，
要重視教化、風俗，對身教、言教皆要恭謹推行，可見此官箴書為深受理學
思想影響而成。〔註28〕

　　南宋臨安府的轄境比北宋開封府小，權限卻更為集中，形勢也複雜得多，
這使得知府的治理方式必須隨機應變，除上述唐人京師彈壓之說，州郡惠養
亦實行於臨安，還包括宋太宗之「得人心，不擾民」、安民、止訟，這些施政
在任命制誥中可窺知一二端倪。

1. 彈壓為先

　　京師施政以彈壓為先，是唐人總結的方針，部分南宋任命臨安知府的制
誥內亦有此說，據載：

> 勅：西清高華，次對為侍臣之列；天府浩穰，尹正居諸夏之先。
> 眷茲委任之難，必求名實之副。我有髦士，用頒明綸。具官某早
> 以能名，屢更器使。緣吏事以儒雅，何施不宜？溢政聲於嚴明，
> 所至稱治。望雅高於郎省，節屢易於外臺。偏儀論撰之華，深見
> 典刑之舊。其輟甘泉之從，以增帥閫之權。夫道德之威成安彊，
> 朕方極四方之選；而輦轂之下先彈壓，爾其試三輔之能。治最上
> 聞，期月可待。〔註29〕

該詔書為任命王晚為臨安知府所下的制書，王晚為與秦檜是姻親，〔註30〕秦檜
政權的特性已在第三章論及，其注重「彈壓」的施政方針是否與之有直接關
係，難以確定。在此任命制書所言及的施政策略，與唐人之說相同。

　　另一例為宋寧宗慶元元年（1195）知臨安府的徐誼，所下任命制誥，最終
明白，即要求他行「彈壓之事」，全文如下：

〔註28〕（宋）許月卿，《百官箴》（北京：中華書局，2019年），卷6，收於閣建飛等
　　　　點校，《宋代官箴書五種》，頁278～279；《百官箴》深受理學思想影響，見同
　　　　書點校說明，頁209。

〔註29〕（宋）張擴，《東窗集》（臺北：臺灣商務印書館，民國72年），卷13，〈王
　　　　晚除敷文閣待制知臨安府制〉，2b～3a，收於《文淵閣四庫全書》，冊1129，
　　　　頁136。

〔註30〕（宋）李心傳，《要錄》卷44，紹興元年五月丁巳條，頁943；（宋）王明清，
　　　　《揮塵錄・餘話》（北京：中華書局，1964年），卷2，頁311；（宋）周煇著，
　　　　劉永翔校注，《清波雜志校注》（北京：中華書局，1994年），卷8，〈郡守畫
　　　　像〉，頁366。

敕：商邑翼翼，四方之極。夫為內史，而無尊重難危之勢，非所以
覽示海內、壯京室也。具官某外寬而中剛，末詳而本約。能通當今
之務，而不失古意；能得君子之心，而不忿疾于頑也。比嘗試對，
賦奏闇切，朕識之久。會謀畿帥，而簡之庶僚，貳于起部。蓋聞冀
裹言之助者，開群枉之門；懷危得之情者，持自營之計。內史不競，
職此之由。儀圖其人，無以易汝。是用蔽自朕志，度越故常，以論
思之班，行彈壓之事。往其懋哉，以振首善。可。〔註31〕

徐誼（1144～1208）字子宜，溫州（今屬浙江台州市）人，〔註32〕他在臨安知
府任期很短，僅一個月，就任的理由與紹熙內禪有關，徐誼原為中書檢正官
兼權刑部侍郎，調任權工部侍郎算是降調了，不過從他屬於趙汝愚政變集團
的一員來看，任命他兼知臨安府，「彈壓」就是其首要之務，以震懾心懷不軌
之人。〔註33〕南宋晚期的周密亦贊同唐人的見解，其云：

浩穰之區，人物盛夥；游手奸黠，實繁有徒。有所謂美人局，以娼優
為姬妾，誘引少年為事。櫃坊賭局，以博戲、關撲結黨手法騙錢。水
功德局，以求官覓舉、恩澤遷轉、訟事交易等為名，假借聲勢脫漏財
物。不一而足。又有賣買物貨，以偽易真，至以紙為衣、銅鉛為金銀、
土木為香藥，變換如神，謂之白日賊。若閨閫之地，則有翦脫衣囊、
環珮者，謂之覓貼兒；其他穿窬肶篋，各有稱首。以至頑徒，如攔
街虎、九條龍之徒，尤為市井之害。故尹京政先彈壓，必得精悍鉤
距，長於才術者，乃可都轄一房。有都轄使臣、總轄、供申、院長，
以至廂巡地分頭項火下，凡數千人，專以緝捕為職，其間雄罷有聲
者，往往皆出羣盜。而內司又有海巡八廂以察之。〔註34〕

〔註31〕（宋）陳傅良，《止齋先生文集》卷18，〈中書門下省檢正諸房公事兼權刑部
侍郎徐誼除權工部侍郎兼知臨安府制〉，11b～12a，收於《叢書集成續編》，
冊129，頁225。

〔註32〕《宋史》卷397，列傳156，〈徐誼傳〉，頁12083。

〔註33〕事實上，在襄陽，確實有不軌份子試圖以為孝宗發喪的名義謀亂，見（宋）
葉紹翁，《四朝聞見錄》丙集，〈寧皇登位〉，頁105：「初，光宗疾不能喪，襄
陽士人陳應祥陰連北方鄧州叛黨，欲殺守臣張定叟，用縞素代皇帝為太上執
喪，且舉襄以順北。適寧皇登極之詔甫三日而至，陳遂變色寢謀，旋為其黨
所訴。」此事亦見周密、羅大經筆記記載，只是陳應祥被記為「歸正人」，與
葉氏記載「士人」不同，見（宋）周密，《齊東野語》卷3，〈紹熙內禪〉，頁
43、（宋）羅大經，《鶴林玉露》乙編卷3，〈白羊先生〉，頁166～167。

〔註34〕（宋）周密，《武林舊事》卷6，〈游手〉，4a～4b，頁819～820。

藉由上文，可窺知臨安城內治安敗壞的一面，也說明政先彈壓的理由何在，而負責維持治安的數千人中，幹練有聲者，往往出於群盜受詔安者，要壓服這類人，知府也需具備相應手腕。

2. 惠養安民

在現存的任命制誥中，此類篇數較少，初見於南宋初期，為收拾金軍蹂躪臨安後的局面，而下的制書，該文提及「載念浙江，重罹戎寇。煙塵甫熄，益脩禦敵之方；井邑新殘，務致安民之應」，〔註35〕任務取向濃厚，要能重新部署禦敵之策，又要安民，再加上季陵任臨安知府的時期是在建炎四年（1130），臨安府尚未成為南宋國都，仍可視為地方州郡，行「惠養」之政也不奇怪。

另一例為宋光宗紹熙四年（1193）知臨安府的王厚之（1131～1204），任命制誥主張治民尤須「撫視也」，全文如下：

> 敕具官某：國家駐蹕吳會，視古天府，民日庶，事日繁。師帥之寄，尤難其人。以爾先世嘗為京尹，治行超卓，如漢章尊，汝實是似，故以命汝。自其少時，博雅篤學，世味沖澹，若終身焉。一行作吏，所至辦治，處之以榮觀而超然，投之以劇繁而不亂，是宜居此官者。報自漕臺，加畀延閣，用為爾寵。唐人有言，輦轂之下先彈壓，郡邑之治本惠養，此言殆未純也。五方之民，固為厖雜；九縣之眾，尤須撫字。威惠交孚，則為稱職，且稱其家矣。〔註36〕

由上文可知選擇王厚之知臨安府的理由在於其有治劇、辦治之才，還特別提到其祖先王安禮曾權知開封府一事，期許他如祖先的風采。諷刺的是，紹熙五年（1194）七月他被罷職的理由是「好任私意，肆為異說，闇於聽訟，短於治劇」，〔註37〕似說明以王厚之之才，尚無法勝任朝廷對臨安知府「威惠交孚」的要求。

第三例為朱晞顏（1133～1200），在詔書內稱其「以牧養為務、能止訟」，

〔註35〕（宋）綦崇禮，《北海集》（臺北：臺灣商務印書館，民國72年），卷3，〈朝請郎新除中書舍人季陵可除徽猷閣待制知臨安府制〉，7b～8a，收於《文淵閣四庫全書》，冊1134，頁542。

〔註36〕（宋）樓鑰，《攻媿集》（臺北：新文豐出版公司，民國74年），卷38，〈直祕閣兩浙運判王厚之直顯謨閣知臨安府〉，收於《叢書集成新編》，冊64，頁262。

〔註37〕《宋會要》職官73之18，〈黜降官十〉，冊9，頁5010。

故在臨安知府任內升遷為工部侍郎，仍兼知臨安府，其任命制誥全文如下：

> 敕：貳卿分職，有嚴起部之司；滿歲積勞，爰渙真除之寵。華予從列，錫以贊書。太中大夫、權工部侍郎、兼實錄院同修撰、兼知臨安軍府事兼管內勸農使、充兩浙西路安撫使、馬步都總管、兼點檢戶部贍軍激賞酒庫、休寧縣開國男、食邑三百戶朱晞顏，學富而醇，氣和以勁。外不形於表襮，事最久於踐歷。有敏識而照幾先，有長材而周事劇。自擢躋禁嚴之地，旋尹治眾大之都。專以牧養為務，而獄訟稀；不以發擿為威，而姦邪伏。□醻治績，俾正邇聯。仍史觀之纂修，重神臯之委寄。方時崇儉，豈特貴百工之咸精；維爾殫勤，庶可令三輔之兼治。可依前太中大夫、特授守尚書工部侍郎、兼實錄院同修撰、兼知臨安軍府事、兼管內勸農使、充兩浙西路安撫使、馬步軍都總管、兼點檢戶部贍軍激賞酒庫，封如故。慶元五年十月十九日。〔註38〕

觀朱晞顏的履歷，其在地方官輪調，以善捕盜治獄、善理財而聞名，在就任臨安知府前一職務，即為太府少卿，再前一任則是太府少卿、淮東總領；〔註39〕在臨安府任內，曾以「獄空」受詔嘉獎。〔註40〕

3. 綜合型

這類任命制誥在現存數量中比重最多，有同時兼具彈壓、惠養，亦有能理財、止訟、治獄，要求頗多，以張澄（？～1153）為例，全文如下：

> 漢三輔皆治長安，而以二千石高第入守京兆，浩穰之地，非通練敏濟之才不足以居其任。爾才猷之美，風力之強，治劇剸煩，雍容而辦。分符持節，屢試有成。朕省方南還，清蹕所臨，無異輦轂。是用移爾建業之風，以成武林之治，論譔之職，併以示寵。惟首善之地，四方是式。爾其惠養柔良，彈壓姦暴，以成中和之治，則爾之

〔註38〕 （明）程敏政，《弘治休寧志》（北京：書目文獻出版社，1988年），卷31，〈工部侍郎朱晞顏制〉，27b～28a，收於《北京圖書館古籍珍本叢刊》，冊29，頁674。

〔註39〕 （宋）談鑰，〈宋故通議大夫守尚書工部侍郎致仕休寧縣開國男食邑三百戶贈宣奉大夫朱公晞顏行狀〉，12b～24a，收於（明）程敏政編，《新安文獻志》（臺北：臺灣商務印書館，民國72年），卷82，收於《文淵閣四庫全書》，冊1376，頁346～352。

〔註40〕 《咸淳臨安志》卷41，〈詔令二・獎諭獄空〉，2a，頁408。

休，豈獨及於王畿之內哉？〔註41〕

張澄字如瑩，李處邁的外甥，受北宋末宰執聶昌、王黼賞識。〔註42〕其知臨安府的時間點，剛好是紹興八年（1138）宋高宗以臨安為國都，且即將還蹕臨安，故要求張澄既能彈壓，又能惠養。

另一例為趙不棄，字德夫，是宋宗室，〔註43〕紹興十七年（1147）以右中奉大夫、權工部侍郎除敷文閣待制知臨安府，任命制誥全文如下：

> 王畿之畫千里，京邑之宅四方。朕於駐蹕之區，視若上都之重，擇守有同於尹正，疇咨慎簡於賢材。具官某屬籍之英，幹局之敏，薦更事任，備著勞能。江左九州，幹漕臺而佐國；乾坤萬里，糧軍餉以寬民。趣歸亞卿之班，亟置侍從之列。顧冬官營繕，未究設施之長；惟天府浩穰，政須彈壓之治。用擢陞於次對，仍兼率於十連，使鉏箟屏於姦蹤，而桴鼓徹於盜警。與古無愧，則予汝嘉。〔註44〕

由上文敘述可知，趙不棄具備多項才幹，既有工部資歷，擅長理財，也具備幹才，改任臨安知府則希望他獲得彈壓、糾姦的資歷。

第三例為晚宋時期的馬光祖，他在景定二年（1261）以觀文殿學士、提領戶部財用、同知樞密院事、太子賓客兼知臨安府，任命制誥全文如下：

> 修介圭之覲，方委寄以浩繁；借前箸而籌，遂延登於宥密。乃敷播告，以示襃崇。具官某挺傑魁間出之材，稟光嶽未分之氣，出而召、畢，入則夔、龍。全江淮，濟中興，既勞還於天塹；先京師，後諸夏，重尹正於日畿。然張其目必先舉其綱，作而行孰若坐而論。疇咨公議，擢副本兵。朕欲周密樞機，爾叶心於邴、魏；朕欲彈壓輦轂，爾接踵於敞、尊。智略之所繪，威稜之所震疊，內全活溝中之瘠，外掃清塞下之塵。運堂上之兵，賴有若人；扣囊底之智，足辦此事。至於米鹽凌雜，又其土苴緒餘。民貧宜弛已張之弓，政弊宜調久膠之瑟。噫！韓、富同升樞府，皆練習於邊情；歐、蔡兼領開

〔註41〕（宋）李彌遜，《筠谿集》（臺北：臺灣商務印書館，民國72年），卷5，〈張澄集英殿修撰知臨安府制〉，22b～23a，收於《文淵閣四庫全書》，冊1130，頁643。

〔註42〕（宋）王明清，《揮塵錄・餘話》卷2，頁299。

〔註43〕《宋史》卷247，列傳6，〈趙不棄傳〉，頁8756～8757。

〔註44〕（宋）張嵲，《紫微集》（臺北：新文豐出版公司，民國78年），卷16，〈趙不棄知臨安府制〉，17a～17b，收於《叢書集成續編》，冊127，頁490。

封，尤精勤於吏事。顧如舊德，奚愧前修。可。〔註45〕

這是馬光祖第二次擔任臨安知府的職務，剛就任時是觀文殿學士、提領戶部財用兼知，十二月六日起又加上同知樞密院事、太子賓客等職務。由上文可知晚宋臨安知府，需要何種人選，要能彈壓、理財、知兵、安民，還要人品能服眾，要求非常多，如前章所提及，臨安府承辦中央眾多業務，這些業務所需經費、人力、物力也多由臨安府自行籌措，知府除要顧及這些業務能順利置辦，還得顧及本業即臨安轄境的都市事務，能擔任知府者皆為歷任地方郡縣、監司，熟知四方事務、人情弊害的練達之人。

第二節　臨安府的特區行政組織

臨安府的特區業務，原則上是與地方政府的城區事務相同的，城市內會碰到的事情，需要設立哪些行政機構去處理，也大致相同，不同之處在於規模和數量，所謂「京師浩穰」、「民庶事繁」、「五方之民，固為龐雜」等形容已屢見於南宋制誥中，連帶影響到行政體制的規模。臨安府的行政體制粗略分層，可分為三級，第一級即最高層級是知府長官廳，第二級是通判廳，第三級是幕職、諸曹、教授、監當等官廳（見附圖 3）；〔註46〕此外還有浙西安撫司，主管浙西路民政事務，屬於另一套行政組織。以下將臨安府和浙西安撫司的行政組織分條論述。

一、知府長官廳與議事廳

議事廳稱為「都廳」，是府州軍監議事的場所，「元符元年，詔通判、幕職官，令日赴長官廳議事及都廳簽書文檄」，〔註47〕而臨安府衙是一集合式院落，整體宛若城池，衙內再細分為無數小院落，按照規定知府是住在府衙內的，因此分為辦公區和起居區，以下主要集中在辦公區域進行論述。都廳，是知府的辦公處，據《淳祐臨安志》記載，在府治西，〔註48〕又稱為「東

〔註45〕（宋）劉克莊，《後村先生大全集》卷66，〈馬光祖同知樞密院提領戶部財用兼知臨安府〉，7b～8a，收於《宋集珍本叢刊》，冊81，頁505。

〔註46〕因為行都之故，臨安府的幕職僚佐皆為地方政府制度，見龔延明，〈南宋行在所臨安府研究〉，《中原文化研究》，2018年第3期，頁70；南宋時代的地方州府幕職與僚佐制度，大致恢復北宋大觀以前的制度，見賈玉英，《唐宋時期地方政治制度變遷史》，頁239～241。

〔註47〕《宋史》卷167，志120，〈通判〉，頁3974。

〔註48〕《淳祐臨安志》卷5，〈官宇·本府都廳〉，19b，頁4882。

廳」，〔註49〕按照北宋真宗以前以皇位繼承人尹開封府的慣例，正廳是給皇位繼承人辦公之處，在正廳門後的院落內，〈府治圖〉記為「設廳」，因常作為設宴之用而聞名，後依序有簡樂堂、清明平軒、見廉堂三座建築；〔註50〕（建築配置詳見附圖1）另有議政、讞獄之所，稱為「愛民堂」，在公使庫、竹林軒後，承化堂前。〔註51〕

二、通判廳

　　通判是宋朝懲五代之弊，在府州軍監設置的職位，〔註52〕其職權範圍為：

> 通判掌倅貳郡政，凡兵民、錢穀、戶口、賦役、獄訟聽斷之事，可否裁決，與守臣通簽書施行。所部官有善否及職事修廢，得刺舉以聞。〔註53〕

可以得知通判對府州軍監的施政有行政監察和副署兩項權力，初期主要為監督知州，之後因政權穩定，通判的行政、監察權逐步削減，漸淪為知州（府）的下屬，南宋時形成「佐郡守之治，入則貳政，出則按縣」的制度，〔註54〕主要職掌轉向財政、經濟方面，以管理轄境農田水利、倉庫、軍資庫、總制錢等。〔註55〕

　　通判的員額，通常是一州設一通判，大的藩府才設二通判，分左右廳或南北廳辦公；不及萬戶的州、軍不設，武臣知州者亦特設，另外，除沿邊要衝之地如鎮戎軍、火山軍等地，一般軍、監只有判官而無通判。〔註56〕南宋建炎兵亂，曾下詔有兩名通判的府裁減一名通判員額，紹興五年（1135）便恢復原狀，有的地方還增添該職，如紹興八年的福建邵武軍；此外，該職亦被用作添差，分為釐務和不釐務，大多用來安置宗室、戚里、歸正人，由於曾發生一

〔註49〕　《夢梁錄》卷10，〈府治〉，頁161。
〔註50〕　《夢梁錄》卷10，〈府治〉，頁161。
〔註51〕　《淳祐臨安志》卷5，〈官宇・府治〉，17a～17b，頁4881。
〔註52〕　（宋）黎靖德編，《朱子語類》卷112，〈論官〉，頁2730～2731。
〔註53〕　《宋會要》職官47之62，〈通判諸州府軍監〉，冊7，頁4299。
〔註54〕　《宋會要》職官47之67，〈通判諸州府軍監〉，冊7，頁4302。
〔註55〕　（宋）李攸，《宋朝事實》（北京：中華書局，1985年），卷9，〈官職〉，頁154。相關研究，參見苗書梅，〈宋代通判及其主要職能〉，《河北學刊》，1990年第2期，頁83～89；李康，〈略論宋代通判職能及其演變〉，《鄭州航空工業管理學院學報・社會科學版》，34卷第4期，2015年，頁68～72；賈芳芳，《宋代地方政治》，河北大學博士論文，2009年，頁12。
〔註56〕　（宋）李燾，《長編》卷48，真宗咸平四年二月壬戌條，頁1048。

州添差通判人數超過制度規定的員額的情況，淳熙六年（1179）規定添差通判每州不得過一員；〔註57〕臨安府的添差通判，淳熙十五年（1188）下詔規定僅以一員為限，〔註58〕初期北廳及添差通判並無定所，趙立夫於紹定三年（1230）新建於府治南，形成正員南、北廳，添差東廳的三倅廳格局，添差官都以宗室、戚里及有朝跡者為之，然而卻在隔年因火焚燬，紹定五年（1232）由知府余天錫重建。〔註59〕臨安府添差一員通判釐務成常制，應與事務龐雜有關，據《咸淳臨安志》載：

> 越自六飛南渡，而臨安遂為輦轂之地，守、倅之選雖視古為重，然風俗日益媮，獄訟日益繁，加之六宮百司、軍旅、郊祀，無一不取辦於是郡；太守窮日，力有不能給；倅貳方且奉令承教之不暇，雖其選甚重，而其勞殆與諸州上佐等，而堅常不肖承乏。北倅自惟縣簿，固不足以比方古人，然辱在此位，恨不得周旋揖遜於白傅、蘇翰林之時。昔所謂半刺史之樂，未易得也。〔註60〕

此敘述雖寫於通判北廳條目下，然亦可說明臨安府事務龐雜的緣由，及通判承辦業務的壓力，由此得以理解為何添差釐務通判成常例的緣由。此外，從制度面來看，臨安府有通判，與北宋開封府的判官、推官不同，在制度上是同於地方政府，僅有在宋光宗為太子並擔任臨安府尹時，才廢除通判，替以判官、推官，光宗辭任府尹後，通判又復舊了。〔註61〕

三、幕職、諸曹、教授與監當

這是臨安府行政組織的第三級，由於臨安原為帥府，成為行都後仍難以全用京府體例，與北宋開封府不一樣，大部分時間裡維持帥府幕職官體例，只有在宋光宗為太子時，才仿照開封府，設判官和推官，而實際視事、裁決者仍為少尹。〔註62〕幕職工作內容近似今日的祕書處和文書室，助理郡政，分

〔註57〕《宋會要》職官 47 之 71，〈通判諸州府軍監〉，冊 7，頁 4304。

〔註58〕《宋會要》職官 47 之 71，〈通判諸州府軍監〉，冊 7，頁 4305。

〔註59〕《咸淳臨安志》卷 50，秩官 8，〈倅貳〉，13a～13b、17a、19a～19b，頁 480、482、483。

〔註60〕《咸淳臨安志》卷 50，秩官 8，〈倅貳・北廳〉，13a～13b，頁 480。

〔註61〕《咸淳臨安志》卷 48，秩官 6，〈古今郡守表〉，1a～1b、3a～3b，頁 460、461。

〔註62〕《宋會要》職官 37 之 6，〈臨安尹〉，冊 7，頁 3965：「餘曹掾官，緣臨安府係是行都，難以全用京府體例，並欲依舊……本府日主公事，並係少尹受領。

案治事，管理各項文書的流程和負責催督，並副署郡守、通判裁決文書；〔註63〕諸曹，是臨安府吏民以上的基層官僚組織，處理行政、司法、戶口、稅收、倉庫受納等庶務，不必日赴長官廳議事和簽押公文；〔註64〕教授，則是府學為中心的教育代表；〔註65〕監當官，負責專業機構的管理；〔註66〕城南北左右廂公事司，負責臨安府都會圈，城外新發展區的管理和司法，擁有杖六十以下罪刑裁判權；〔註67〕城東西廂都巡檢司，負責維持城內治安和火政，〔註68〕如果以職掌分類，可分為以下六項。

1. 文書收發、催拘

這是幕職官的職掌範圍。幕職官分為簽書節度判官廳公事、節度推官、觀察推官、觀察判官。其中府內文狀處理，是由節度判官、推官負責；田賦之事由觀察判官、推官，用「觀察印」處理。〔註69〕節推、察判廳位在府隅，近民坊巷。〔註70〕

2. 司法與庶務

（1）錄事參軍

居諸曹之首，掌府、州院庶務，府、州的重要印鑑，糾諸曹稽違，屬於行

内命官犯罪及餘人流以上罪，具事因聽裁酌；其徒罪具案判准杖罪，少尹一面裁決……安撫司印記、職事，亦合少尹兼領。諸門場務等鑰匙，並令少尹掌管……浙西安撫司及臨安府歲舉所部官，緣有結罪保任一節，只乞令少尹奏舉……中書、樞密院狀及應干文移，並依典故，係少尹以下簽書。」

〔註63〕《宋會要》職官48之8，〈幕職官〉，冊7，頁4312；（宋）羅濬，《寶慶四明志》（北京：中華書局，1990年），卷3，〈敘郡下・官僚〉，13b～14a，冊5，頁5026；《宋史》卷167，志120，〈幕職官〉，頁3975～3976。

〔註64〕《寶慶四明志》卷3，〈敘郡下・官僚〉，13b～14a，頁5026；《宋史》卷167，志120，〈諸曹官〉，頁3976。

〔註65〕《宋史》卷167，志120，〈教授〉，頁3976～3977；《淳祐臨安志》卷6，〈城府・學校〉，1a～2b，頁4883～4884。

〔註66〕雷家聖，《宋代監當官體系之研究》（臺北：花木蘭文化出版社，2009年），頁31～68、79～124。

〔註67〕《咸淳臨安志》卷19，〈疆域四・廂界〉，4b，頁215。

〔註68〕《宋史》卷167，志120，〈巡檢司〉，頁3982；《咸淳臨安志》卷53，〈官寺二・幕屬官廳〉，12a，頁514。

〔註69〕彭惠雯，《北宋幕職州縣官之研究》，臺灣師範大學歷史學研究所碩士論文，民國95年，頁130～131。

〔註70〕府隅，參見〈京城圖〉、〈府治圖〉；近民坊巷，見《夢粱錄》卷10，〈府治〉，頁161。

政監察，〔註71〕臨安府的府院在府治西，附錄事參軍廨舍；〔註72〕由於知府、州下發屬縣的公文都會蓋上府、州印，故州縣的刑獄案牘都會經過錄事參軍過目與蓋印，因此在程序上，也負責審理需要將當事人解送獄中推鞫的案件。〔註73〕據〈京城圖〉，府院在府治左上方，夾在總轄房、右司理院之間，〈府治圖〉則在州橋左側。

（2）司理參軍

掌訟獄勘鞫之事。〔註74〕臨安府分為左、右兩司理參軍，有專屬官廳「左、右司理院」，並附廨舍，〔註75〕主要負責審理盜賊重刑案件，但在有分左、右司理院的府、州，司理參軍也負責審理戶婚案件。〔註76〕右司理院在〈京城圖〉府治的左上方，府院和流福坊之間，〈府治圖〉的州橋左側；左司理院在〈京城圖〉府治的左下方，府隅和察判廳之間，〈府治圖〉則位在右下角處。

（3）司法參軍

掌議法斷刑，〔註77〕即負責「檢法」，供知州等長官們依法判決。〔註78〕

（4）司戶參軍

掌戶籍賦稅、倉庫受納。〔註79〕因掌管戶籍、田產等檔案，故在移文程序下，也有參與司法審判的職權。〔註80〕

3. 教育

宋高宗駐蹕、定都臨安後，在紹興十二年（1142）以府學舊址為太學，後太學遷徙至岳飛宅邸；〔註81〕臨安府學經多次遷徙，〔註82〕最終定於府治

〔註71〕《宋史》卷167，志120，〈諸曹官〉，頁3976。

〔註72〕《淳祐臨安志》卷5，〈官宇・府院〉，20a，頁4882。

〔註73〕劉馨珺，《明鏡高懸——南宋縣衙的獄訟》（臺北：五南出版社，2005年），頁32、35。

〔註74〕《宋史》卷167，志120，〈諸曹官〉，頁3976。

〔註75〕《淳祐臨安志》卷5，〈官宇・左、右司理院〉，20a～20b，頁4882。

〔註76〕劉馨珺，《明鏡高懸——南宋縣衙的獄訟》，頁33～35。

〔註77〕《宋史》卷167，志120，〈諸曹官〉，頁3976。

〔註78〕劉馨珺，《明鏡高懸——南宋縣衙的獄訟》，頁36～37。

〔註79〕《宋史》卷167，志120，〈諸曹官〉，頁3976。

〔註80〕《宋會要》職官47之12，〈判知州府軍監〉，冊7，頁4271；《明鏡高懸——南宋縣衙的獄訟》，頁38～39。

〔註81〕《咸淳臨安志》卷11，〈行在所錄・學校〉，6b，頁122。

〔註82〕《淳祐臨安志》卷6，〈城府・學校〉，1b，頁4883。

東北，右一廂凌家橋西豐豫坊內，總為十齋，有出納、學正負責庶務，[註83]
教授掌府學生員訓導、考試之職。[註84]

4. 檔案庫、經濟、倉儲等專業管理

（1）架閣庫

即檔案庫，儲藏文牘案卷的機構，[註85]各機構有各自的架閣庫，由專門
的人管理。[註86]臨安府的架閣庫在府治之北，[註87]府轄或中央所下轄機構
的架閣庫則分散在城內各處。[註88]

（2）生產製造機構

A. 錢監

臨安府的錢監已廢除。[註89]

B. 都作院

在湧金門北，[註90]後遷徙至白龜池。[註91]

（3）倉儲出納管理機構

A. 常平倉、鎮城倉

常平倉是地方州府的倉儲，設置目的為備災荒，平價出售米糧，以防止
商人哄抬糧價，管理者由轉運司選州縣幕職官為之；[註92]鎮城倉原為臨安

〔註83〕《咸淳臨安志》卷 19，〈疆域四・坊巷〉，10b，頁 218；《夢梁錄》卷 15，〈學
　　　　校〉，頁 252；杭州市文物考古所編，《南宋臨安府治與府學遺址》（北京：文
　　　　物出版社，2013 年），頁 199～202。
〔註84〕《宋史》卷 167，志 120，〈教授〉，頁 3976～3977。
〔註85〕《宋史》卷 163，志 116，〈六部架閣庫〉，頁 3865；王金玉，《宋代檔案管理
　　　　研究》（北京：中國檔案出版社，1997 年），頁 53～58；趙彥昌，《中國古代
　　　　檔案管理制度研究》（北京：人民出版社，2011 年），頁 77～78。
〔註86〕王金玉，《宋代檔案管理研究》，頁 51～52、57；趙彥昌，《中國古代檔案管
　　　　理制度研究》，頁 78；劉學健，《宋代專門檔案管理研究》，鄭州大學碩士論
　　　　文，2006 年，頁 13～14；張會超，〈架閣庫問題探究〉，《遼寧大學學報・哲
　　　　學社會科學版》，38 卷第 5 期，2005 年，頁 121～127。
〔註87〕《乾道臨安志》卷 2，〈倉場庫務錢監作院附〉，23b，頁 3231。
〔註88〕姜青青，《《咸淳臨安志》宋版「京城四圖」復原研究》（上海：上海古籍出版
　　　　社，2015 年），頁 139。
〔註89〕《乾道臨安志》卷 2，〈倉場庫務錢監作院附〉，25a，頁 3232。
〔註90〕《淳祐臨安志》卷 7，〈城府・倉場庫務〉，22a，頁 4904。
〔註91〕《咸淳臨安志》卷 55，〈官寺四・倉場庫務等〉，16a，頁 531。
〔註92〕雷家聖，《宋代監當官體系之研究》，頁 45～48。

府州倉，後歸撥為省倉，紹興三年（1133）改名行在南倉，〔註93〕乾道二年撥還臨安府。〔註94〕臨安府的常平倉在鎮城倉東，與鎮城倉同在餘杭門外師姑橋。〔註95〕

B. 軍資庫

庫務，是出納地方財政收入的場所，分為「軍資庫」和「公使庫」，其中軍資庫受到戶部和轉運司省計，固有「省庫」別稱。〔註96〕臨安府的軍資庫在府衙門之左。〔註97〕

C. 公使庫

公使庫設置的目的，是為地方公署提供「公用錢」，即一種特別辦公費，多用於犒賞、設宴款待過境長官，地方長吏有權支配，但受到轉運司監察，中央的戶部亦有稽查之權。〔註98〕

D. 糧料院

糧料院是負責發放文武官吏薪俸的機構，臨安府是中央直轄機構，薪俸由太府寺所屬的糧料院發放。〔註99〕行在所諸司、諸軍糧料院，曾多次遷徙，舊在右一廂壽域坊內，有巷稱為「糧料院巷」，宋末則位於漾沙坑七官宅。〔註100〕

（4）監管稅務

A. 都稅院、（商）稅務

宋代商業發達，基本區分為過稅和住稅，地方、中央都有監稅務的官員，

〔註93〕《宋會要》食貨 62 之 13，〈京諸倉〉，冊 13，頁 7556。
〔註94〕《宋會要》食貨 53 之 3，〈倉部〉，冊 12，頁 7196。
〔註95〕《淳祐臨安志》卷 7，〈城府・倉場庫務〉，18b，頁 4902；《夢粱錄》卷 7，〈西河橋道〉，頁 109。
〔註96〕雷家聖，《宋代監當官體系之研究》，頁 48～49。
〔註97〕《乾道臨安志》卷 2，〈倉場庫務錢監作院附〉，23b，頁 3231。
〔註98〕（宋）李心傳，《要錄》甲集卷 17，〈公使庫〉，頁 394～395；賈正昌，《宋代公用錢制度研究》，山東大學碩士論文，2013 年，頁 26～27、32～33；林天蔚，〈宋代公使庫、公使錢與公用錢間的關係〉，《中央研究院歷史語言研究所集刊》，45 本第 1 分冊，1973 年，頁 144～147；黃純艷，〈論宋代的公用錢〉，《雲南社會科學》，2002 年第 4 期，頁 77～78、80。
〔註99〕《宋史》卷 165，志 118，〈太府寺〉，頁 3908、3909。
〔註100〕在壽域坊，見《淳祐臨安志》卷 7，〈城府・坊巷〉，3b，頁 4895；宋末位在漾沙坑，見《咸淳臨安志》卷 8，〈行在所錄・院轄〉，9b，頁 102。

由都稅院總管，臨安府的都稅院為中央機構，[註101]位在灞頭市東，和抵當庫、平準務、秤斛局同在一處，[註102]其餘稅務共 5 處，分別是龍山、浙江、北郭、江漲橋、紅亭，分散在臨安城內、外，[註103]其中紅亭稅務在淳祐年間已廢。[註104]

B. 抽解場

臨安府的抽解場分為交木場、抽解竹木場、北大場、子場，是以實物代替稅金的稅務場。[註105]

C. 鹽事所、都鹽倉、天宗倉

臨安府的鹽倉、鹽稅劃歸浙西安撫司名下，主管為鹽事所。場分散在鹽官、仁和、錢塘等縣，及下轄村鎮，共 11 處，另有西興、錢清 2 場在紹興府界；[註106]倉庫分為都鹽倉、天宗倉兩處，都鹽倉在艮山門外，天宗倉在天宗水門內。

D. 浙江渡

監渡一職，除了管理渡航安全外，還負責監稅。[註107]臨安府主要的渡口為浙江渡，設有浙江監渡官。[註108]

（5）官營商業

A. 點檢所酒庫

酒課原是中央專營及掌控的重要收入，其中歷經民營化的過程，北宋末、南宋初期，歷經戰亂，地方州府公使庫、諸軍藉釀酒販售牟利，朝廷下詔，屢禁不止，導致由中央掌控的專賣收入連連虧損，被迫承認這些新興酒庫的許可，代以收取息錢上供、予當地轉運司。[註109]事實上，南宋時地方政府掌握的財政，僅兩稅和酒課而已，[註110]在臨安府，酒課亦為重要

〔註101〕　雷家聖，《宋代監當官體系之研究》，頁 45～48、112～114。
〔註102〕　《乾道臨安志》卷 2，〈倉場庫務錢監作院附〉，24a，頁 3232。
〔註103〕　《乾道臨安志》卷 2，〈倉場庫務錢監作院附〉，24a，頁 3232。
〔註104〕　《淳祐臨安志》卷 7，〈城府‧倉場庫務〉，21a，頁 4904。
〔註105〕　《咸淳臨安志》卷 55，〈官寺四‧倉場庫務等〉，11b～12a，頁 529。
〔註106〕　《咸淳臨安志》卷 55，〈官寺四‧倉場庫務等〉，7b～9a，頁 527～528。
〔註107〕　雷家聖，《宋代監當官體系之研究》，頁 55～56。
〔註108〕　《咸淳臨安志》卷 47，秩官 5，〈古今郡守表〉，5b，頁 455。
〔註109〕　雷家聖，《宋代監當官體系之研究》，頁 56～61。
〔註110〕　（宋）唐仲友，《悅齋文鈔》（上海：上海古籍出版社，1995 年），卷 1，〈台州入奏箚子二〉，6b，收於《續修四庫全書》，冊 1318，頁 194；包偉民，《宋代地方財政史研究》，頁 124～126。

收入之一。〔註111〕

B. 臨安府、安撫司回易庫

回易是指官方的貿易行為，介於合法和非法之間，對外宣稱營利目的是為了贍軍，實則為地方政府自籌財源的手段，更惡劣者為諸軍將領中飽私囊的藉口，且這也是侵害中央專賣收入的行為。〔註112〕臨安府既為中央政府的執行機構，承擔大量下移事務和經費支出，顯然也需要這類商業手段自籌財源。臨安府回易庫在豐樂橋南，嘉熙元年（1237）趙與懽重建；安撫司回易庫在薦橋北。〔註113〕

C. 營商與公使庫的關係

公使庫為了增加公用錢，也會從事商業經營活動，故可歸類於官營商業機構，包括釀酒、刻書、放貸等活動，以牟取利潤，其中以釀酒、醋影響最大。〔註114〕臨安府的酒、醋庫甚多，主管為點檢所，安撫司亦有酒庫。〔註115〕除酒庫外，醋庫亦多。〔註116〕

5. 都會圈郊區的管理與司法

據《咸淳臨安志》所載，臨安城內九廂，城外四廂，城內廂是由北宋末至南宋初的二廂逐步擴增而來，在《乾道臨安志》修成的時間點，城內已有

〔註111〕 （宋）吳自牧，《夢粱錄》卷10，〈點檢所酒庫〉，頁168：「點檢所官酒庫，各庫有兩監官，下有專吏、酒匠掌其役。但新煮兩界，係本府關給工本，下庫醞造，所解利息，聽充本府贍軍，激賞公支，則朝家無一毫取解耳。」

〔註112〕 張恆，《從商業術語看宋代商業的發展》，雲南大學碩士論文，2010年，頁22～28；王雲裳，〈宋代軍隊經營活動的作用與影響〉，《浙江社會科學》，2012年第8期，頁132～136。

〔註113〕 《咸淳臨安志》卷55，〈官寺四·倉場庫務等〉，6b，頁526。

〔註114〕 包偉民，《宋代地方財政史研究》，頁37～38；雷家聖，《宋代監當官體系之研究》，頁56～61；郭志偉，《宋代公使庫研究》，河北大學碩士論文，2015年，頁91～110；賈正昌，《宋代公用錢制度研究》，山東大學碩士論文，2013年，頁7～10、21～30、33～40；林天蔚，〈宋代公使庫、公使錢與公用錢間的關係〉，《中央研究院歷史語言研究所集刊》，45本第1分冊，1973年，頁147～150；黃純艷，〈論宋代的公用錢〉，《雲南社會科學》，2002年第4期，頁78。

〔註115〕 （宋）吳自牧，《夢粱錄》卷10，〈點檢所酒庫〉，頁168～169；安撫司酒庫，見同書，〈安撫司酒庫〉，頁169～170。

〔註116〕 《咸淳臨安志》卷55，〈官寺四·倉場庫務等〉，14a～15a，頁530～531；因需求量大，在臨安賣酒醋亦成俚語，見（宋）莊綽，《雞肋編》卷中，〈建炎後俚語〉，頁67：「欲得官，殺人放火受招安；欲得富，趕著行在賣酒醋。」

八廂，城外四廂；〔註 117〕城外廂則是城內容納不下的定居人口，外移後形成的都會圈郊區，初期未劃分小廂區，之後其下設廂分區後，已如北宋時的都廂，地位近似行政區，〔註 118〕成立時間為紹興十一年（1141），由當時的知府俞俟奏請設置，主管機構為城南（北）左右廂公事，主管官差親民資序京朝官，具有「杖六十以下罪刑」的裁判權。〔註 119〕

6. 治安與消防

北宋時即以三衙禁軍為巡檢，置軍巡鋪，維持城內、外治安，不具有司法審判權，所逮捕到的嫌犯，在城內送軍巡院、開封府審判，外由左右廂公事、開封府界提點司或京畿路提點刑獄司審理；〔註 120〕南宋時臨安府權力擴增，制度也與開封府不盡相同，城內、外的治安，由三衙、府轄禁軍、土兵組成的巡檢維持，城內及近郊，是由三衙、府隸禁軍組成軍巡鋪，於坊巷二百餘步設置一處，兵卒三五人，主管稱「押鋪」，廂有「巡檢使司」，都廂則稱為「都巡檢使司」，主管官由三衙馬步軍司出任，〔註 121〕城外廂區治安主管單位為「城東、西都巡檢使司」。〔註 122〕城內曾一度設置都廂官，權力如城外廂主管公事，類比北宋開封府的軍巡院，然因枉法情事甚多而罷廢，〔註 123〕故城內巡檢遇違法或告發情事時，只負責逮捕、解送府方處理，並不負責審判之責，〔註 124〕這部分亦與北宋開封府相同，兩者差在城內軍巡院的有無；土兵是位在荒郊野外、人煙稀少之地的巡檢司寨，和禁軍混合配置，〔註 125〕

〔註 117〕　《乾道臨安志》卷 2，〈在城八廂、城南北兩廂〉，7a，頁 3223。相關研究，參見徐吉軍，《南宋都城臨安》，頁 172；楊竹旺，《南宋都城臨安府行政管理制度研究》，頁 26～27。

〔註 118〕　包偉民，《宋代城市研究》，頁 142；楊竹旺，《南宋都城臨安府行政管理制度研究》，頁 27；（日）高橋弘臣，〈南宋臨安城外における人口の増大と都市領域の拡大〉，《愛媛大学法文学部論集・人文学科編》23 号，2007 年，頁 113～146。

〔註 119〕　《乾道臨安志》卷 2，〈城南北兩廂〉，7a，頁 3223。

〔註 120〕　賈玉英，《唐宋時期地方政治制度變遷史》，頁 53～57；周寶珠，《宋代東京研究》，頁 78～83；李之亮，〈北宋開封府界提點官考〉，《華北水利水電學院學報・社會科學版》，18 卷第 1 期，頁 59～16。

〔註 121〕　《宋會要》兵 3 之 8～9，〈廂巡〉，冊 14，頁 8661。

〔註 122〕　《乾道臨安志》卷 2，〈城東西都巡檢使〉，7b，頁 3223。

〔註 123〕　《咸淳臨安志》卷 19，〈疆域四・廂界〉，3b～4a，頁 215。

〔註 124〕　《宋會要》兵 3 之 8，〈廂巡〉，冊 14，頁 8661；《夢粱錄》卷 10，〈防隅巡警〉，頁 172。

〔註 125〕　《宋會要》兵 3 之 7～11，〈廂巡〉，冊 14，頁 8660～8662；（日）高橋弘臣，

據《夢粱錄》記載：

> 臨安居輦轂之下，蓋倚以為重，武備一日不可闕，而守帥所統，則
> 建炎之舊制。至防隅一軍，又必藉禁衛之士，別為部伍。三衙之兵，
> 亦聽帥臣節制，以倡率之。〔註126〕

擔任城內的治安和消防人員，全為三衙禁軍。消防方面，由三衙和府隸禁軍
共同組成的潛火隊，有望火樓和潛火鋪，作為觀測火勢和平時駐紮之所，〔註
127〕如今日之消防局。由此可知，知府指揮三衙禁軍，目的在維護都市的公共
安全。

7. 其他

（1）吏員

臨安府衙內行政組織有負責承辦中央事務的官員、受理府境公文的吏員。
依據《宋史》記載：

> 分士、戶、儀、兵、刑、工六案。內戶案分上中下案，外有免役案、
> 常平案、上下開拆司、財賦司、大禮局、國信司、排辦司、修造司，
> 各治其事。置吏：點檢文字、都孔目官、副孔目官、節度孔目官、
> 觀察孔目官各一名，磨勘司主押官、正開拆官、副開拆官各一人，
> 下名開拆官二名，押司官八人，前後行守分二十一人，貼司三十
> 人。〔註128〕

由上可知臨安府內的組織架構龐雜，事務繁重，多由吏員掌握文書工作。與
地方州府不同之處在於增加了承辦中央事務的大禮局、國信司、排辦司、修
造司，皆在第三章時提及，其中的修造司原隸屬將作監，建炎初省併入工部，

〈南宋臨安の三衙〉，《愛媛大学法文学部‧人文学科編》26 号，2009 年，
頁 68～75；于光度，〈臨安及中都的城市管理體制〉，《大同高等專科學校學
報‧綜合版》，1995 年第 4 期，頁 41；楊竹旺，《南宋都城臨安府行政管理
制度研究》，頁 68、69～71。

〔註126〕（宋）吳自牧，《夢粱錄》卷 10，〈廂禁軍〉，頁 170。

〔註127〕（宋）吳自牧，《夢粱錄》卷 10，〈防隅巡警〉，頁 172；《宋會要》兵 3 之 10，
〈廂巡〉，冊 14，頁 8662。相關研究，參見鍾佳玲，《宋代城市治安的管理
與維護》，中國文化大學史學研究所碩士論文，民國 90 年，頁 120～137；
梁偉基，〈宋高宗時期三衙的重建與發展〉，《中國文化研究所學報》49 期，
2009 年，頁 358～360；（日）高橋弘臣，〈南宋臨安の三衙〉，《愛媛大學法
文學部‧人文學科編》26 号，2009 年，頁 68～75。

〔註128〕《宋史》卷 166，志 119，〈臨安府〉，頁 3944。

後其所轄修造司轉隸臨安府，業務也一併轉隸，除修建皇宮、中央官署、權貴皇親國戚家廟宅邸，也包含城市設施整建。〔註129〕

（2）牙人

牙人，是商業買賣的仲介人，有時也扮演大盤商、承銷者、包稅人等角色，自唐朝起記載始漸多，因坊制之故，僅能在「坊市」活動，晚唐坊制廢弛的情況下，逐漸出沒在州縣治所的草市，五代時足跡遍佈城市，涉及鄉村，至宋朝時，城市、村鎮皆可見到牙人出沒。〔註130〕

宋代官府為避免商業交易產生糾紛，對牙人有著種種規範，首先年齡必須在七十歲以下，家境中產以上，並找二至三位家產殷實的人結保，牙人之間也得結保，到官府登記姓名，才能領取身份證明的木牌，並且必須隨身攜帶，木牌上註明牙人進行仲介時的規定，在簽訂契約時亦要牙人署名，這樣產生買賣糾紛時，官府才可追究牙人責任，例如在賃船運輸官府物資時，找牙人作保，如運輸物資超過允許的損失額度，官府認為物資遭到偷盜，就會要求押綱官、船戶賠償，仍不足的部分，會要求牙人負連帶責任，沒收其資產，理由是「沒有盡介紹誠實船戶之責，有與船戶串通舞弊，侵吞官府物資之嫌」，宋朝政府用這種方式約束牙人，進而減少商業糾紛。〔註131〕

此外，宋代政府還利用牙人充吏，以辨別政府購買物資品質之好壞，如太府寺購買和劑藥局所需藥材，雇用四名牙人，每貫予佣金五文，於客人賣藥材錢內支，並要求牙人辨別藥材真偽好壞，還要經過監官再次審驗，定價收買，如有偽濫、浮報並私吞款項，許人告發，並依偽濫罪斷，監官若知情，同罪，不察，減二等，藥材名稱、價格則由臨安府市易司每旬報告雜買務，申太府寺；〔註132〕牙人有時也充當攬戶，替政府收稅、富戶收租，缺點是容易產生官、吏勾結，宋高宗就曾對臨安知府韓仲通抱怨，他曾買下一匹要作為戶稅繳納的好布料，只因不經攬戶繳納，就被官府拒收，並要求韓仲通根

〔註129〕《宋會要》職官30之16～17，〈提點修造司〉，冊6，頁378、3799；《宋史》卷165，志118，頁3918～3920。

〔註130〕梁庚堯，〈從坊市到村鎮：唐宋牙人活動空間的擴大〉，收於黃寬重主編，《基調與變奏：七至二十世紀的中國》（臺北：政治大學歷史學系，2008年），冊2，頁69～104。

〔註131〕梁庚堯，〈宋代牙人與商業糾紛〉，《燕京學報》新14期，2003年，頁41～70。

〔註132〕《宋會要》食貨64之43，〈和買〉，冊13，頁7756。

治。〔註133〕牙人之所以被蔑視為雜流,仍被官府委任,來自其掌握市場情報,辨識商品好壞的眼力,服務多樣化等因素,〔註134〕政府透過這些牙人來管理市場,減少交易糾紛,購買政府所需物資。

在人力仲介方面,以教坊為例,建炎初因兵興裁撤教坊,紹興四年(1134)一度復置,紹興三十一年(1161)再度裁撤,不再復置,欲節日、金使來聘,由臨安府透過牙人仲介民間歌舞雜技團,經修內司兩旬教習即可。〔註135〕如要招募其他臨時人力,推測也是透過牙人,如行老、官私牙嫂、引置等進行仲介。〔註136〕

(3) 職役

臨安城內居住著大量吏員,有的是鄉戶應差役在衙門辦事,有的是應募的專業役人,無論何種性質,他們都住在城裡,才能趕在天明時刻上番。《夢粱錄》記載:

> 每日交四更,諸山寺觀已鳴鐘,庵舍行者頭陀,打鐵板兒或木魚兒沿街報曉,各分地方。若晴則曰「天色晴明」,或報「大參」,或報「四參」,或報「常朝」,或言「後殿坐」;陰則曰「天色陰晦」;雨則言「雨」。蓋報令諸百官聽公上番虞候上名衙兵等人,及諸司上番人知之,趕趁往諸處服役耳。雖風雨霜雪,不敢缺此。每月朔望及遇節序,則沿門求乞齋糧。最是大街一兩處麵食店,及市西坊西食麵店,通宵買賣,交曉不絕。緣金吾不禁,公私營幹,夜食於此故也。御街鋪店,聞鐘而起,賣早市點心。〔註137〕

四更天即丑時,約凌晨二至三點,百官、諸吏的上班時間非常早,為上、下班的公私營幹提供宵夜、早餐的餐飲業也順勢而起。

宋代職役特徵是名目繁多,與古不同,應役內容包括一應細務、看守官物、催繳租稅、典掌簿書、執持儀仗等,其中最為人詬病者為「衙前」,次為弓手,再次為里正、戶長。衙前要保管官物,負責綱運,往往一人填役,三人充役,官物損失還得賠償,妨礙本業生計之餘,還會因賠償官物導致破

〔註133〕《咸淳臨安志》卷47,秩官5,〈古今郡守表〉,8b,頁456。
〔註134〕黃子瑞,《宋代交易中的牙人——仲介的社會意義及其評價》,成功大學歷史研究所碩士論文,民國101年,頁30~43。
〔註135〕《宋史》卷142,志95,〈教坊〉,頁3359。
〔註136〕(宋)吳自牧,《夢粱錄》卷19,〈顧覓人力〉,頁342。
〔註137〕(宋)吳自牧,《夢粱錄》卷13,〈天曉諸人出市〉,頁223。

產。

設置弓手的目的是防盜、維護治安，但也因一人服役，全家給送，差替又遙遙無期，導致一家失業。臨安府城內、外的治安維護以三衙禁軍為主，只有荒山野嶺的巡檢寨才有弓手和禁軍混編。

里正之職主要為督賦稅，遇豪強抗不納租，得自掏腰包賠墊，戶長亦同。以上諸職役之苦，遂有種種規避之法。〔註138〕

南宋保甲制度與役法結合，普遍選擇保甲人員充役，以保長兼戶長催稅，或以甲頭催稅成為定制。〔註139〕在臨安府應役的衙前，除應募者外，應當來自鄉都保甲里正充役。

四、浙西安撫司

臨安知府例兼浙西安撫使，安撫司官廳設於府治內，其幕府官廳或在府治內、或分散在府治周邊。

1. 安撫司簽廳

在府治內西側，簽廳都門內。〔註140〕

2. 點檢所簽廳

在府治內西南，安撫司簽廳都門外。〔註141〕

3. 參議官廳

在軍將橋東，〔註142〕〈京城圖〉上無標示。

4. 主管機宜文字廳

在豐豫門城北下，端平三年知府趙與懽捐款、任一震建，〔註143〕〈京城

〔註138〕（宋）趙彥衛，《雲麓漫鈔》（北京：中華書局，1996年），卷12，〈國朝州郡役人之制〉，頁215～217、219～220；相關研究，見聶崇岐，〈宋役法述〉，《燕京學報》33期，1947年，頁195～270。

〔註139〕黃繁光，《宋代民戶的職役負擔》，中國文化大學史學研究所博士論文，民國69年，頁227～235、239～244。

〔註140〕《咸淳臨安志》卷53，〈官寺二・幕屬官廳〉，3b，頁510；《夢梁錄》卷10，〈府治〉，頁161。

〔註141〕《咸淳臨安志》卷53，〈官寺二・幕屬官廳〉，5b，頁511；《夢梁錄》卷10，〈府治〉，頁161。

〔註142〕《咸淳臨安志》卷53，〈官寺二・幕屬官廳〉，1a，頁509。

〔註143〕《咸淳臨安志》卷53，〈官寺二・幕屬官廳〉，1a～2a，頁509。

圖〉無記載。

5. 幹辦公事廳

舊廳在寶蓮山。在樓店務橋東，與樓店務比鄰，〔註144〕〈京城圖〉有記載。

6. 點檢所主管、幹辦官、都錢庫官廳

俱在俞家園，〔註145〕〈京城圖〉僅記載都錢庫和激賞庫。

第三節　臨安府的收支與都市事務

一、臨安府的收支來源

　　城市收支，顧名思義，是由市政府掌握的財政收入和支出。按宋制，在京出納和地方是分開計算的，〔註146〕京師自有一套會計記錄，惜現已不存完整《會計錄》，難以窺知收支詳貌。臨安府既直屬中央，收支有不少混雜之處，第三章時已提及大部分中央性支出，而根據唐朝遺留的地方政府財政留送原則，「一曰上供，二曰送使，三曰留州」，〔註147〕宋朝在路級地方設置轉運司，並將大部分留州錢物撥歸「係省」，不允許地方隨意動用，除州計度經費外，其餘金帛一律解發上供，留州錢物亦改以年度預算額為計算方式，「州以三年為率，外縣鎮二年，偏僻縣鎮一年」。〔註148〕南宋時擴大上供的額度、中央與總領所侵奪地方稅源等諸多因素，造成地方財政惡化，〔註149〕如前引唐仲友

〔註144〕《咸淳臨安志》卷53，〈官寺二‧幕屬官廳〉，2a，頁509。
〔註145〕《咸淳臨安志》卷53，〈官寺二‧幕屬官廳〉，5a～5b，頁511。
〔註146〕《玉海》卷85，〈食貨‧慶曆會計錄〉，18b，頁3391：「慶曆三年，三司具在京出納及十九路錢帛芻糧之數。」
〔註147〕（宋）王溥，《唐會要》（北京：中華書局，1955年），卷83，〈租稅上〉，頁1539。
〔註148〕《文獻通考》卷23，〈國計考一〉，頁229。
〔註149〕雷家聖，《聚斂謀國——南宋總領所研究》（臺北：萬卷樓圖書公司，2013年），頁67～72；汪聖鐸，《兩宋財政史》（北京：中華書局，1995年），頁575～583；《宋代地方財政史研究》，頁55～80；（日）川上恭司，〈南宋の總領所について〉，《待兼山論叢‧史學篇》12號，1978年，頁6～16；（日）島居一康，〈南宋の上供米と兩稅米〉，《東洋史研究》，51卷第4號，1993年，頁585～591；（日）高橋弘臣，〈南宋臨安への上供米制度の成立〉，《愛媛大學法文學部‧人文學科編》40號，2016年，頁62；（日）高橋弘臣，〈南宋の上供米制度運用の実態と臨安における米不足について〉，《愛媛大学法文学部‧人文学科編》42號，2017年，頁19～22。

言「僅兩稅、酒課」，地方政府掌握的收入寥寥無幾；吳自牧記「酒庫利息，朝家無一毫取解」，顯然在行都臨安亦有此情形。

日本學者高橋弘臣根據《咸淳臨安志》所記載的財稅相關史料進行統計、歸納，得知臨安府的收入來源為兩稅、商稅，而朝廷蠲免土貢；潛說友知臨安府時，又代繳兩稅畸零額，商稅亦免上供，此外還有酒、鹽等專賣收益。〔註 150〕

再談支出，地方政府的支出，包括上供、官吏、駐軍費和臨時性支出，以及社會保障、福利設施的開支；〔註 151〕臨安府是行都，依照「在京諸法」，官吏、駐軍的俸給來自中央撥支，〔註 152〕屬於中央財政的一部份，上供亦多蠲免，社會保障、福利來自皇帝、戶部直接撥款，因此臨安府的支出集中在外交排辦、城市修建、中央官署與皇宮、權貴皇親國戚宅邸家廟上，其中僅有城市修建，屬於臨安府的城市支出。

二、都市事務

都市事務，隨人口密度、經濟、交通、自然環境等而略有不同，大體上仍是大同小異，中國的城郡，自古以來是以政治、軍事為主要功能，秦朝建立皇帝制度，廢封建後，原先是諸侯國都，是獨立的地方政治中心，變為地方治所，是全國行政系統的網點，或重兵駐守的戰略要地，成為地方政府官署的所在地，城郡之間分為各屬級，有上下管轄指揮的關係，各級政治單位和其治所，都由政府命令或取消，〔註 153〕可視為中央集權下城市史的特色，由朝廷所在的「國都」，統治地方郡縣的「城市」；北宋強幹弱枝的國策，恰好樹立了中央集權的里程碑，配合科舉制度，將原屬地方支配的財源、物資、武力收歸朝廷，皇帝大權在握；〔註 154〕建炎南渡，國策略有調整，安撫使普遍設置，沿邊設立制置使，〔註 155〕以四總領所管理邊圉兵馬糧餉，發行紙幣，

〔註 150〕 （日）高橋弘臣，〈『咸淳臨安志』所載の財政関連史料について〉，《資料學の方法を探る》16 號，2017 年，頁 97～98、99。
〔註 151〕 包偉民，《宋代地方財政史研究》，頁 29～39。
〔註 152〕 太府寺所轄左藏東西庫、糧料院，負責發放在京官吏、駐軍俸錢，見《宋史》卷 165，志 118，〈太府寺〉，頁 3907、3908、3909。
〔註 153〕 趙岡，〈從宏觀角度看中國的城市史〉，《歷史研究》，1993 年第 1 期，頁 10。
〔註 154〕 蔣復璁，〈宋代一個國策的檢討〉，收於氏著《宋史新探》，頁 17～50。
〔註 155〕 李昌憲，《宋代安撫使考》，頁 30；姚建根，《宋朝制置使制度研究》，頁 96～97。

另帶有監軍功能，屬於中央派出機構；〔註 156〕而作為中央政府所在地的臨安城，如前述屬於特別行政區的管理機構，地位不同於地方府州軍監，是中央政府的執行機構，做為天下的表率，〔註 157〕施政也大多遵照朝廷意向，以下就轄境範圍、都市事務、都市管理機構作分類論述。

1. 轄境範圍和管理分層

北宋京府內的治安和司法是由府司、左右軍巡院維持，開封府城外則由開封府界提點司負責管理，權力是分散的，與臨安府的制度規劃不同。〔註 158〕臨安府的轄境，粗略分為城內與城外；城內，包含臨安府，仁和、錢塘兩赤縣，分為：府—諸廂使臣—坊正，三級管理，諸廂使臣僅負責治安維護，司法由知府、縣衙直接管轄；城外設城南北廂主管公事所，下有城東、城西巡檢司，另統轄東西南北四壁公事，由京朝官出任都廂主管，行政層級為：城南北廂主管公事—四廂官，主管公事有「杖六十以下罪聽」的司法裁判權，而警捕之事，仍由臨安府差總轄總管，〔註 159〕而在府之上，尚有朝廷之監察和命令。監察方面，《宋會要》云：

> 隆興二年二月二十六日，詔：「久雨未晴，慮恐刑獄淹延，有干和氣。
> 特令侍御史尹穡日下躬親前去大理寺、臨安府檢察決遣。」〔註 160〕

又見同書：

> （乾道元年二月）九日，詔：「臨安府諸縣賑濟，竊慮奉行不虔，差監察御史程叔達日下躬親前去檢察。如有違戾去處，具當職官姓名申尚書省。其措置有方，亦仰保明聞奏。」〔註 161〕

〔註 156〕雷家聖，《聚斂謀國——南宋總領所研究》，頁 18～23、143～148；（日）川上恭司，〈南宋の総領所について〉，《待兼山論叢・史学篇》12 号，1978 年，頁 3～6。

〔註 157〕《宋會要》刑法 4 之 92，〈獄空〉，冊 14，頁 8500：「（嘉定十六年）六月六日……詔曰：『朕為京師首善之地，布德流化，當自近始。德化不洽，刑獄滋煩，何以示四方萬里哉！』」

〔註 158〕《宋史》卷 201，志 154，〈刑法三〉，頁 5021；同前書卷 166，志 119，〈開封府〉，頁 3942；同前書卷 167，志 120，〈提點開封府界諸縣鎮公事〉，頁 3971；賈玉英，〈特別路區——宋代開封府界制度考〉，《中國史研究》，2009 年第 1 期，頁 105～109。

〔註 159〕韓光輝，《宋遼金元建制城市研究》（北京：北京大學出版社，2011 年），頁 27。

〔註 160〕《宋會要》瑞異 3 之 6，〈水災〉，冊 5，頁 2652。

〔註 161〕《宋會要》食貨 59 之 42，〈災恤〉，冊 12，頁 7202。

從上述兩條資料可知，御史臺對大理寺、臨安府的司法審判具有檢察權；對臨安府轄境州縣事務則有監察權、彈劾權和保舉權。

命令部分，與城市管理有關者，《咸淳臨安志》載：

> 乾道三年四月二十日，臣寮奏請：「城東、西戶口繁夥，警邏稀疏，_{時城西閣將仕家被劫遂有此奏}乞置巡檢使二員，措置盜賊，仍各差軍兵。」從之。其地分東隸南廂，西隸北廂。〔註162〕

國家事務方面，大多為修造官廨、宮邸，排辦外交雜務，據《宋會要》載：

> 紹興十二年三月十六日，臨安府言，修蓋都亭驛了畢，乞關報所屬差人前來交割照管，詔令（主）管國信所交割。〔註163〕

上述情形，已在第三章詳細論述。此外，皇帝對府轄境內民情弊端亦特為關注，《咸淳臨安志》載：

> （紹興二十六年）八月，上曰：「臨安民有納本戶絹一疋，被退。因詢之，云：『官中以不經攬戶，不肯交。』朕令人用錢五千五百買之，乃好衣絹，已令韓仲通根治。近在輦轂尚爾，外方想不勝其弊也。」〔註164〕

又見同書載：

> （紹興二十六年）九月庚申，蕭請對。上謂大臣曰：「朕嘗諭以束吏姦，即還商賈物貨及木植價錢，勿留民訟，如見得曲直，即當面裁決。其他如御膳之屬，近來未嘗取辦。雖用片紙，亦不責其供應。」沈該曰：「今日天府之弊，莫大於此三者。陛下洞照曲折，又不以供應責之，愛民如此，天下幸甚。」〔註165〕

宋高宗因有靖康之難顛沛流離的親身體驗，對民間疾苦較為關注，在任內數次對臨安府轄境內的弊端下指揮糾正。此外，歷朝各帝在位時，常減免臨安府租稅、房錢，或定期、非定期賑濟。〔註166〕

〔註162〕《咸淳臨安志》卷19，6b～7a，頁216～217。

〔註163〕《宋會要》職官36之44，〈主管往來國信所〉，冊7，頁3912。

〔註164〕《咸淳臨安志》卷47，秩官5，〈古今郡守表〉，8b，頁456。

〔註165〕《咸淳臨安志》卷47，秩官5，〈古今郡守表〉，9a，頁457。

〔註166〕蠲免租稅，見《宋史》卷36，本紀36，〈光宗紀〉，頁705：「（紹熙四年春正月）辛卯，蠲臨安府民身丁錢三年。」又見同書，卷47，本紀47，〈瀛國公紀〉，頁922：「（咸淳十年九月）丁酉，天瑞節，免徵臨安府公私房賃錢十日。」賑濟臨安府貧民，見《宋史》卷40，本紀40，〈寧宗四〉，頁780：「（嘉定十七年二月）甲午，命臨安府振糴貧民。」

與北宋都城開封相較，臨安城屬於開放性城市，但由於地形限制，臨安城外的郊區並沒有擴張到和商業繁榮、人口稠密的臨平鎮、塘棲鎮相連，呈現不連續性景觀，主體仍是以山、湖、亭臺、別館為主，以功能性來看，仍屬於大都市郊區；〔註167〕餘杭、臨安、富陽、於潛、新城、鹽官、昌化七縣，〔註168〕與附郭縣相比，行政權上較為獨立，故在此不論。

2. 都市服務

現代對都市服務的特質，可分為六項：一、都市行政為匯集性的，不宜分割；二、都市為高度技術化社會，服務需高水準專業人才，以提高品質；三、都市人口流動性大，凡事大多依賴政府代勞；四、都市服務事項具有關連性，宜各部門採一致步調；五、都市服務有時效性，宜及早解決問題；六、都市服務重視公共利益。〔註169〕

都市服務的類型，可分為三項：一、環境服務，主要為公共設施；二、對人服務，主要為社會福利；三、公共安全，包括警察制度和消防，皆屬於公共事業範疇，由於時代限制，兩宋僅能做到部分都市服務。〔註170〕宋朝將公共事業視為知州、縣令考核依據之一，〔註171〕在州縣多由地方長官主導，經費不足之處則由長官向當地仕紳勸募，主導者依然是地方州縣長官。〔註172〕臨安府為南宋國都，輻輳既廣，對都市服務格外重視，劃分亦多，部分符合現代對都市服務的概念，大致可分為：消防治安、水利設施、糧食儲備、道路交

〔註167〕臨安城內都廟，原本也有設官管理，初時以兵官，後如城外都廟，以京朝官主管，最後以侍御史周方崇言其不便而廢罷，城內詞訟由臨安府自行理斷，參見《咸淳臨安志》卷19，〈疆域四・廟界〉，3b～4a，頁215；余蔚、祝碧衡，〈中國大城市郊區基層政區的早期發展──以宋代首都的郊區建置為中心〉，《中國城市研究》，1卷第1期，2006年，頁28；包偉民，《宋代城市研究》，頁141～145。

〔註168〕《宋史》卷88，志41，〈臨安府〉，頁2174。

〔註169〕姚榮齡，《都市事務概論》（臺北：永新書局，民84年），頁274。

〔註170〕姚榮齡，《都市事務概論》，頁287～349。

〔註171〕（宋）謝深甫，《慶元條法事類》（哈爾濱：黑龍江人民出版社，2002年），卷5，〈考課格〉，收於楊一凡等編，《中國珍稀法律典籍續編》，冊2，頁69～70。

〔註172〕楊宇勛，《取民與養民：南宋的財政收支與官民互動》（臺北：國立臺灣師範大學歷史研究所，民國92年），頁460～461；張文，《宋朝民間慈善活動研究》（重慶：西南師範大學出版社，2005年），頁220～242；宋燕鵬，《南宋士人與地方公益事業之研究》，河北大學博士論文，2010年，頁163～166。

通、社會保障、都市更新等，多由臨安府直接管理，或由朝廷下令施行，以下將逐條列出。

三、市政工程

1. 衙署庫務的修建

（1）府治、政廳、教場

A. 府治

唐時杭州州治在鳳凰山麓，吳越國時改建為皇城，北宋依循為州治所在，建炎南渡後，以州治為行宮，遂徙府治於淨因寺舊址，[註173]是一由多間樓、堂、亭、閣組成的建築群，[註174]且在南宋時代持續改建、增築。如玉蓮堂，在府治教場之西，淳祐九年（1249）趙與籌建，《淳祐臨安志》稱「規制高壯，挹山瞰池，為寮屬會聚之勝」；[註175]竹山閣，淳祐九年（1249）建，在玉蓮堂之西竹園山，為今府治之勝勢；[註176]講易堂，原名吏隱堂，紹興十六年（1146）知府張澄所建，隆興元年（1163）知府陳輝改今名，後日久漸廢，紹定五年（1232）知府余天錫重建，咸淳五年（1269）知府潛說友徙七閒堂，置其後；[註177]愛民堂，淳祐九年（1249）建，在府治東，為議政、讞獄之所。[註178]中和堂，原為錢鏐所建閱禮堂，至和三年（1056）知州孫沔重建、易名為中和堂，後因高宗御筆改稱偉觀堂，在舊治內，嘉定六年（1213）知府趙時侃再創於舊七閒堂後偏東，咸淳六年（1270）知府潛說友移築，使之與七閒堂相望，並翻新屋宇。[註179]

B. 政廳

安撫司點檢所僉廳位於府治西南；[註180]安撫司僉廳，淳祐八年（1248）

〔註173〕《咸淳臨安志》卷 52，1b～2a，〈官寺一·府治〉，頁 499。

〔註174〕鄒潔琳、喬迅翔，〈《咸淳臨安志》「府治總圖」建築平面佈局復原研究〉，《中國建築史論匯刊》（北京：清華大學出版社，2011 年），第 9 輯，頁 312～321；杭州市文物考古所編，《南宋臨安府治與府學遺址》，頁 90～93。

〔註175〕《淳祐臨安志》卷 5，〈官宇·府治〉，16b～17a，頁 4880～4881。

〔註176〕《淳祐臨安志》卷 5，〈官宇·府治〉，17a，頁 4881。

〔註177〕《咸淳臨安志》卷 52，〈官寺一·府治〉，6b，頁 501。

〔註178〕《淳祐臨安志》卷 5，〈官宇·府治〉，17a～17b，頁 4881。

〔註179〕《咸淳臨安志》卷 52，〈官宇·府治〉，4a～4b，頁 500。

〔註180〕《淳祐臨安志》卷 5，〈浙江安撫司·點檢所僉廳〉，19b，頁 4882。

重建於府治西，並作題名，刻於石；〔註181〕臨安府都廳，淳祐六年（1246）重建於府治西側；〔註182〕當直司，淳祐六年（1246）重建於府治東。〔註183〕浙西安撫司主管機宜文字廳，在豐豫門北城下，端平三年任一震建；〔註184〕安撫司幹辦公事廳，舊廳為楊簡所建，後毀於火災，新廳在樓店務橋東，淳祐三年（1243）由知府趙與𥲅重建；〔註185〕通判北、南、東廳，咸淳五年（1269）由知府潛說友翻新；〔註186〕僉書判官廳，在府治後，定安橋西，咸淳四年（1268）知府潛說友重建。〔註187〕

C. 教場

嘉定中，由知府袁韶創於府治之西；紹定五年（1232）知府余天錫移建春和樓於此，其下觀德堂，於嘉熙年間臨安大火中燒毀，至淳祐年間，趙與𥲅重建、擴建廳宇規模，以為旬射之地。〔註188〕

（2）稅務、庫

A. 軍資庫、公使酒庫

宋代州縣所課之兩稅、其他課利，除上供外，餘下皆收那至軍資庫和公使庫。〔註189〕淳祐五年（1245）趙與𥲅重建軍資庫於府衙門之左；〔註190〕淳祐六年（1246）移建公使酒庫於府治西教場東北門外。〔註191〕

B. 北郭稅務

重建於淳祐六年（1246），在餘杭門外。〔註192〕

〔註181〕《淳祐臨安志》卷5，〈浙江安撫司·安撫司僉廳〉，19a，頁4882。
〔註182〕《淳祐臨安志》卷5，〈本府都廳〉，19b，頁4882。
〔註183〕《淳祐臨安志》卷5，〈本府當直司〉，19b，頁4882。
〔註184〕《咸淳臨安志》卷53，〈官寺二·幕屬官廳〉，1a，頁509。
〔註185〕《咸淳臨安志》卷53，〈官寺二·幕屬官廳〉，2a～3b，頁509～510。
〔註186〕《咸淳臨安志》53，〈官寺二·幕屬官廳〉，7a～8a，頁512。
〔註187〕《咸淳臨安志》卷53，〈官寺二·幕屬官廳〉，10b，頁513。
〔註188〕《淳祐臨安志》卷6，〈軍營·教場〉，21a～21b，頁4893。旬教，分春、秋兩季進行軍事演練，見（宋）吳自牧，《夢粱錄》卷2，〈州府節制諸軍春教〉，頁26～27。
〔註189〕參見包偉民，《宋代地方財政史研究》，頁38～40。
〔註190〕《淳祐臨安志》卷7，〈倉場庫務·軍資庫〉，19a，頁4903。
〔註191〕《淳祐臨安志》卷7，〈倉場庫務·公使酒庫〉，19b，頁4903。
〔註192〕《淳祐臨安志》卷7，〈倉場庫務·北郭稅務〉，21b，頁4904。

C. 北郭驛亭

舊在北郭稅務側,淳祐六年(1246)重建。〔註193〕

2. 消防體系的整編

臨安府城內、外廂區,晚宋咸淳時期據估計超過124萬人。〔註194〕南宋紹興二十六年(1156),起居舍人凌景夏奏報,行在所的人口結構,以外來移民居多,數倍於土著,〔註195〕歷經三次南侵、三次北伐,端平元年(1234)與蒙古聯合滅金,端平入洛後,蒙古成為新的敵國,戰爭長期化,流離至臨安府和畿縣區的士民逐步增長,與人口成長相對,居住空間不足,大量違章建築,侵佔公共設施,令生活品質下降,對公共安全、衛生帶來負面影響,除前述侵奪城內、外運河河道,排水溝渠,建築高樓,間距密集,巷弄狹窄,儘管歷任知府一再擴編潛火隊、更新消防設備,仍然難以跟進人口流入的速度,火警屢發,不可收拾,致使居民聞火色變,一夕三驚,宰執、知府往往上章待罪、引咎辭職,甚至皇帝下詔罪己。〔註196〕

在消防體系部分,趙與籌以嘉定以來成規為基礎,擴編為12隅,除設置在城門口,教場內亦設置機動隊;城外廂區,從三衙殿前司、侍衛步軍司駐紮在城外的軍營裡各選軍兵400人,總計1200人,各差2名統制官,帶臨安府鈐路職事,受知府(安撫使)節制。〔註197〕

〔註193〕《淳祐臨安志》卷7,〈館驛·北郭驛亭〉,25a,頁4906。

〔註194〕徐吉軍,《南宋都城臨安》,頁312。

〔註195〕(宋)李心傳,《要錄》卷173,紹興二十六年九月丁巳條,頁3320;《宋會要》繫於該年七月十八日,見《宋會要》食貨38之19,〈和市〉,冊11,頁6837。

〔註196〕臨安大火,皇帝下詔罪己,宰執、知府上章待罪,見(宋)佚名,《續編兩朝綱目備要》卷8,寧宗嘉泰四年三月丁卯條,頁141~144。火災之嚴重,將太廟付之一炬,見《宋史全文》卷32,理宗紹定四年九月丙戌條,頁2668~2669:「臨安火。詔曰:『回祿之災,延及太廟,祖宗神主暫就御于景靈宮。』」《宋史》卷423,列傳182,〈陳塤傳〉,頁12639:「又有吳潛、汪泰亨上彌遠書,乞正馮榯、王虎不盡力救火之罪,及行知臨安府林介、兩浙轉運使趙汝憚之罰。」《咸淳臨安志》卷49,〈秩官七·古今郡守表〉,2a,頁467:「(紹定四年)十月十二日,介降一官罷。」

〔註197〕《淳祐臨安志》卷6,〈廂隅〉,18a~21b,頁4892~4893。臨安城消防體系相關研究,參見萬靄雲,《宋代消防體系與文化》,中國文化大學史學研究所博士論文,民國95年,頁128~152,火災情況分析表,見頁80;潘春燕,《宋代消防制度研究》,廣西師範大學碩士論文,2008年,頁5~25;臨安知府抽差三衙軍兵為潛火隊,參見梁偉基〈宋高宗時期三衙的重建與發展〉,

3. 城市治安的強化

臨安城內、外的人口隨時間推移，逐漸增加，為因應人口變化，避免治安惡化，軍巡鋪和巡檢寨也逐步增設，紹興二年（1132）時城內有 115 處軍巡鋪，紹興二十二年（1152）時增至 150 處，乾道年間增為 232 處；城外巡檢司（寨）則有 12 處；此外，還有轄縣縣尉管理的弓手、城內民防性質的保甲。維持治安的主力，仍為三衙、府隸禁軍組成的巡檢。〔註 198〕

4. 水利設施
（1）水源保護和引水設施

宋朝以西湖為臨安城的水源保護區兼觀光景點，定為放生池，禁止洗濯、傾倒污穢、栽種菱荷，但屢禁不止，權勢之家亦常在湖畔違建亭閣樓臺，加上泥沙淤積，使得湖面積縮小，歷任知府均將取締非法開發西湖視為任內重要政績。〔註 199〕

臨安城的飲水來源，為西湖六井，原為唐杭州太守李泌所修，後漸荒廢，北宋元祐時由蘇軾修復；宋高宗駐蹕臨安，知府湯鵬舉為確立行都水源保護條畫者，除增置開湖軍兵、差委官吏管理，修湖六井，「陰竇水口，增置斗門、水閘，量度水勢，得其通流，無垢污之患」。〔註 200〕

淳祐年間，臨安城遭逢大旱，湖水乾涸，趙與𥡄除清濬湖境，還從天目山興建引水工程，鑿下湖，建小新隄，恢復臨安城的水源。〔註 201〕

咸淳年間，知府潛說友「申請於朝，乞行除拆湖中菱荷，毋得存留穢塞，侵占湖岸」，御史鮑度亦彈劾內臣陳敏賢、劉公正「包占水池、蓋造屋宇、濯穢洗馬，無所不施」，違章建築之餘，還污染水源。處置方式為，「拆除屋宇，開闢水港，盡于湖中除拆蕩岸」，對種植菱荷的民戶，「其除年納利租、官錢，消滅其籍，絕其所蒔」，徹底解決問題。〔註 202〕

《中國文化研究所學報》49 期，2009 年，頁 360、（日）高橋弘臣，〈南宋臨安の三衙〉，《愛媛大学法文学部・人文学科編》26 号，2009 年，頁 68～75。

〔註 198〕 楊竹旺，《南宋都城臨安府行政管理制度研究》，頁 68、69～71。

〔註 199〕 （宋）吳自牧，《夢粱錄》卷 12，〈西湖〉，頁 196～197。

〔註 200〕 《淳祐臨安志》卷 10，〈西湖〉，11a～13b，頁 4935～4936；《夢粱錄》卷 12，〈西湖〉，頁 196。

〔註 201〕 《淳祐臨安志》卷 10，〈西湖〉，9b～14b，頁 4934～4936；小新隄和下湖，見同書卷 10，17b、18b～19a，頁 4938～4939；淳祐大旱及鑿下湖事，亦見於《夢粱錄》，參見該書卷 12，〈下湖〉，頁 201～202。

〔註 202〕 （宋）吳自牧，《夢粱錄》卷 12，〈西湖〉，頁 197。

水源與引水設施方面，臨安城內、外井泉，為居民生活用水的主要來源，歷朝守臣、僧道、權貴多有增築，以「遇旱不涸」、並以「潔淨」、「甘甜」著稱，〔註203〕其中以六井為最重要的水源，水來自西湖，經地下水道連結，水口出水，淳祐、咸淳《臨安志》中均有知府命人清理陰竇水口、取締偷水灌溉私田的行為、增築斗門以調控水量、維護水源清潔的記載。〔註204〕

此外，為因應大量游寓、居住人口，南宋時代的杭州城內、外，大量開闢井、泉，以敷臨安居民生活所需。〔註205〕

（2）捍海塘

杭州城緊鄰浙江，灌溉用水多所仰賴，然有利亦有弊，因出海口地形因素，漲潮時海水混合江水倒灌，容易毀壞城市，污染作為淡水來源的西湖，使杭州地下水脈鹹苦；五代時，吳越國王錢鏐修築捍海塘，奠定杭州城規模基礎，這才使得西湖徹底與海分離，〔註206〕後逐漸淤積，至北宋中期，錢鏐所建捍海塘位址已為陸地，南宋時已是臨安城市區的一部份，〔註207〕然而新的海岸線依舊需要捍海塘，《淳祐臨安志》載：

> 紹興初，江濤連年衝突，自仁和、白石，至鹽官之上管。百里生聚，
> 蕩為洪波，隄捍百端，隨即淪毀，癸丑歲方定。〔註208〕

可知南宋初期捍海塘工程並不順利，紹興末由浙漕、臨安府共同修築，此後由臨安府、浙漕負維護之責，〔註209〕此後百餘年間屢修屢壞，災情不斷，直至嘉熙三年（1239）趙與懽就任知府時，才徹底解決此患，據《咸淳臨安志》載：

> 自是百餘年間屢修屢壞。嘉熙戊戌秋，潮山海門搗月塘頭，日腋月

〔註203〕《咸淳臨安志》卷37，〈井・城內外〉，2a～3a，頁367～368。

〔註204〕清理陰竇水口、取締非法盜水灌溉的行為，見《淳祐臨安志》卷10，〈湖・西湖〉，10a～10b，頁4934；增築斗門以調控水量，見《咸淳臨安志》卷32，〈湖上・西湖〉，5a～5b頁329；維護水源清潔，見《咸淳臨安志》卷32，〈湖上・西湖〉，5b～6a，頁329。

〔註205〕（日）佐藤武敏〈唐宋時代都市における飲料水の問題——杭州を中心に〉，《中國水利史研究》7号，1975年，頁9～10。

〔註206〕闕維民，《杭州城池暨西湖歷史圖說》（杭州：浙江人民出版社，2000年），頁4。

〔註207〕王海明，〈五代錢氏捍海塘發掘簡報〉，《文物》，1985年第4期，頁85～89；唐俊杰、郎旭峰，〈杭州發現國內最早海塘遺址——五代吳越捍海塘〉，《中國文物報》，2015年2月13日第8版，頁1～2。

〔註208〕《淳祐臨安志》卷10，〈捍海塘鐵幢浦〉，8a～8b，頁4933

〔註209〕《宋史》卷97，志50，〈東南諸水・浙江〉，頁2396～2397。

削，民廬僧舍坍四十里。己亥六月，詔趙與懽除端明殿學士、知臨
安府，任責修築。與懽奏：先於傍近築土塘為救急之術，然後於內
築石塘。又奏：近觀潮勢，忽睹異物，非龍非魚，什什伍伍，鼓鬣
揚鬐，欲望奏告上帝，或施強弩火砲，以絕其妖。又奏：日役殿步
司官兵五千五百餘人，并募夫工及修江司軍兵三千餘人，已貼立石
倉，夾植椿笆、版木，晝夜運土填築，自水陸寺之下，江家橋之上，
近江港口築壩一，南北長一百五十丈；自團圍頭石塘近江築捲水塘
一，長六百丈；自六和塔以東一，帶石隄添新補廢四百餘丈。越三
月畢工，水復其故。〔註210〕

趙與懽此次受命知臨安府，是專門統籌捍海塘潰堤後的重建工程。此記載亦
見於《淳祐臨安志》，而在《咸淳臨安志》此條記載之後並無再重新修造記錄，
可推斷為捍海塘潰堤已為趙與懽解決。〔註211〕

（3）運河

　　杭州從小縣治成為區域中心的地位轉變，是藉由運河而成立的，其位置在
大運河的終點，近人全漢昇、斯波義信、西岡弘晃皆有論及，〔註212〕運河對臨
安城的重要性彰顯無疑。運河的水源來自西湖、錢塘江，前者提供的水源清淨，
後者夾雜泥沙，易造成運河堵塞，因此最終選擇以西湖為主要補充水源。〔註213〕

　　西湖對杭州的重要性，已如前述，其水源來自湖中湧泉，即地下水脈，
《淳祐臨安志》載「湖中又有泉數十眼，湖耗則泉涌，雖盡竭湖水，而泉用
有餘」，〔註214〕然地下水脈的豐沛量亦受氣候變遷〔註215〕之影響，淳祐七年

〔註210〕《咸淳臨安志》卷31，〈山川十‧捍海塘〉，8a～9a，頁324～325。

〔註211〕斯波義信則認為，此捍海塘工程，直至宋朝滅亡才在全區內基本結束，見（日）
斯波義信著，《宋代江南經濟史研究》，頁191。

〔註212〕杭州因在大運河終點而成為江南都會，見《宋代江南經濟史研究》，頁180
～181，又見全漢昇，《唐宋帝國與運河》（上海：商務印書館，民國35年），
頁124；大運河對唐宋帝國重要性，見《唐宋帝國與運河》，頁125～127；
杭州為運河網的重要節點、城中重要運輸線，成為行都後發揮圓滑的運輸機
能，見（日）西岡弘晃，《中國近世の都市と水利》（福岡：中國書店，2004
年），頁61。

〔註213〕（宋）蘇軾，《蘇軾文集》（北京：中華書局，1986年），卷30，〈杭州乞度
牒開西湖狀〉，頁864。

〔註214〕《淳祐臨安志》卷10，〈西湖〉，10a，頁4934。

〔註215〕劉昭民，《中國歷史上之氣候變遷》（臺北：臺灣商務印書館，1994年修訂
版），頁128～130。

（1247）大旱，令西湖枯竭，城內、外運河亦乾涸，嚴重影響到臨安城的居住性，趙與𥖅規劃、施工，引天目山水入西湖，又開濬下湖區的疏洪功能，〔註216〕重新規劃水道，疏通淤積故道，改善水陸運輸網。〔註217〕

5. 道路整備

（1）御街

御街是皇帝出行所經之路，自和寧門北出，經朝天門略向西折再一直向北，經觀橋、眾安橋處繼而向西，至景靈宮前達餘杭門。南宋初期，御街和城內其他道路一樣為泥地，遇雨時泥濘不堪，皇帝出行時還得鋪上沙子，形成「沙路」，孝宗時才改善，御街及主要幹道鋪設磚石或石板，〔註218〕寧宗後御街石板不再於大禮後拆除，且在街道兩側，形成商業區，〔註219〕依《咸淳臨安志》的記載，咸淳七年（1271）時，知府潛說友奉朝命整修，更換損壞石板2萬塊。〔註220〕

（2）河道護欄

由於城內、外運河交錯，主要運輸依靠船隻及人力，行人安全便成為焦點。由於道路與河道齊平，白天視野尚佳，可免落水，但到了晚上，視線不佳，而臨安又為不夜城，常有夜間行人失足落水，慘遭溺斃，王佐為知府時，沿河道設置欄杆，只留河船出入口，這才解決此交通安全問題。〔註221〕

〔註216〕下湖源出西湖，見（宋）吳自牧，《夢粱錄》卷12，〈下湖〉，頁201。近人考證，認為「下湖」在南宋時僅是數條水道，已名不符實，但疏洪功能仍在，參見江南桓進，〈再考西湖古代的下湖（一）〉，http://blog.sina.com.cn/s/blog_5d53b49e0100d8da.html

〔註217〕新開運河，見《淳祐臨安志》卷10，〈城外運河〉，27b～28a，頁4943；濬通宜塘河，參見同書卷10，〈城外運河〉，29b，4944。

〔註218〕（宋）吳自牧，《夢粱錄》卷12，〈河舟〉，頁213：「向者汴京用車乘駕物運，蓋杭城皆石版街道，非泥沙比，車輪難行，所以用舟隻及人力耳。」又見徐吉軍，《南宋都城臨安》，頁216～217。

〔註219〕趙嗣胤，《南宋臨安研究——禮法視野下的古代都城》，頁25～27。

〔註220〕《咸淳臨安志》卷21，〈疆域·御街〉，21a～21b，頁242。

〔註221〕（元）陶宗儀，《說郛》（北京：中國書店，1986年），卷20，〈行都紀事〉，14b，冊4，稱該知府為「王宣子」，考證此王宣子應為淳熙七年至十年在任的知府王佐，見（宋）周密，《齊東野語》卷1，〈孝宗聖政〉，頁3：「或疑京尹王宣子怒丙，激使然也。……既而宣子頗回護之，上怒云：『設使鄭丙容私，自當訟之朝廷，安可無禮如此。若不得為首人，王佐亦當坐罪。』」

（3）橋樑

臨安既為水都，城內、外河道甚多，橋樑為連結陸路與水路的重要交通設施，兼以人口逐年增加，易造成交通擁擠，故城內橋樑亦逐步增建，尤以開發較晚的區域，新建橋樑的數量較多。〔註222〕

6. 府學的振興

臨安府學，紹興元年（1131）以淩家橋西慧安寺故址為基，但仍嫌狹小，大概是與太學共用校舍之故；〔註223〕嘉定九年（1216）時，由教授袁肅、黃灝經府陳述上告於朝，拓地鼎建，略仿成均規制，並由楊簡作記；〔註224〕趙與懃為振興府學，在府學南邊，增建教授東廳，西邊增建西廳；增收京庠生200人，淳祐六年（1246）宋理宗賜御書匾額二副；十一年（1251）趙與懃再度葺新府學屋宇；〔註225〕咸淳七年（1271）知府潛說友買地，欲擴建，此工程由次任知府吳益完成。〔註226〕

7. 觀光景點的復興

（1）豐樂樓

在豐豫門外，舊名聳翠樓，政和七年（1117）杭州知州徐鑄以眾樂亭舊址重建，「為游覽最顧」，因官賣酒聲吵雜，樓小不與景合，淳祐九年（1249）為趙與懃改建，施工過程「運工敏成，民不知役」，建樓設計亦考慮到遊覽動線，將官酤區和賞景區分層隔開，「遂為西湖之壯」。〔註227〕

〔註222〕 徐吉軍，《南宋都城臨安》，頁246～283；（法）謝和耐（Jacques Gernet）著，馬德程譯，《南宋社會生活史》（臺北：中國文化大學出版部，民國71年），頁23；張慧茹，《南宋杭州水環境與城市發展互動關係研究》，陝西師範大學碩士論文，2007年，頁39～53。

〔註223〕 府學用慧安寺故址、仍嫌狹小，見《咸淳臨安志》卷56，〈文事・府學〉，2a，頁537。與太學共用校舍，見同書卷11，〈行在所錄・太學〉，6b，頁122。

〔註224〕 所謂成均規制，即太學生考試升舍之規定，成績優秀者可釋褐，賜進士出身，府學應無太學之升等待遇，參見（宋）周密，《癸辛雜識》後集，〈成均舊規〉，頁59～63。袁肅、黃灝、楊簡之事，參見《淳祐臨安志》卷6，〈城府・府學〉，1b～2a，頁4883～4884。

〔註225〕 御書府學及養源堂匾題，刊之石，見《淳祐臨安志》卷6，〈城府・府學〉，3a，頁4884。增加教授東、西廳，增收京庠生200人，葺新學宮事，見《淳祐臨安志》卷6，〈城府・府學〉，4b，頁4885。

〔註226〕 《咸淳臨安志》卷56，〈文事・府學〉，1b～2a，頁537。

〔註227〕 《淳祐臨安志》卷6，〈樓觀・豐樂樓〉，7a～7b，頁4886。

（2）德生堂

在放生池上，慶元四年（1198）知府趙師𩇀建，淳祐八年（1248）趙與𥡝重建，「規制始壯」，有宋理宗御書「德生堂泳飛亭」六大字。〔註228〕

（3）江湖偉觀

舊址在葛嶺壽星寺，是間面東小軒，因狹小而難以盡覽湖光山色，淳祐十年（1250）趙與𥡝將其拆除重建，縝密規劃，除擴建樓檐，拓展觀景視野，還增建兩座小亭，修築登山道路，使遊客「可登山嶺，氣象尤為高爽」。〔註229〕

（4）浙江亭

在錢塘舊治南，舊為樟亭驛，趙與𥡝重建。〔註230〕

（5）玉壺園

在錢塘門外偏南，原為劉光世所有，「湖光涵映，最為勝絕，中幾廢」，趙與𥡝漸復其舊。〔註231〕

（6）湖曲園

原為中常侍甘昇所有，「歲久漸廢」，為趙與𥡝購得，重新經營，時常領客人登臨園中亭宇。〔註232〕

（7）三賢堂

祭祀白居易、林逋、蘇軾三賢的祠堂，南宋時代位址時常遷徙，先是乾道五年（1169）周淙重建於水仙王廟之東廡，嘉定十五年（1222）知府袁韶改創於蘇公隄，「最為雅絜，游者樂之」。〔註233〕

（8）先賢堂

寶慶二年（1226）知府袁韶仿紹興府先賢館所創，建於西湖畔，祭祀本府自古名德，自嚴光以下39人，刻石作贊，具載事蹟，「室宇靚麗，遂為湖中勝賞」。〔註234〕

〔註228〕《淳祐臨安志》卷6，〈樓觀・德生堂〉，8b，頁4887。
〔註229〕《淳祐臨安志》卷6，〈樓觀・德生堂〉，8b～9a，頁4887。
〔註230〕《淳祐臨安志》卷6，〈樓觀・浙江亭〉，10a，頁4888。
〔註231〕《淳祐臨安志》卷6，〈園館・玉壺園〉，11a，頁4888。
〔註232〕《淳祐臨安志》卷6，〈園館・湖曲園〉，11b～12a，頁4888～4889；又見於（宋）周密，《武林舊事》卷5，〈湖山勝槩・甘園〉，頁777。
〔註233〕《淳祐臨安志》卷6，〈城府・樓觀〉，8a，頁4887。
〔註234〕《淳祐臨安志》卷6，〈城府・樓觀〉，8a～8b，頁4887。

（9）橘園亭

在鹽橋之南，乾道五年（1169）知府周淙重修，但在《淳祐臨安志》載記時已廢。〔註235〕

8. 重建、修寺院

（1）大石佛院

淳祐七年（1247）重修。〔註236〕

（2）瑪瑙寶勝寺

淳祐八年（1248）重建舊寺。〔註237〕

四、社會保障機構

臨安府為輦轂之下，天下之根本，首善之邑，負擔既重，恩惠亦多，其中之一為較完善的社會保障體制。據《武林舊事》載：

> 都民素驕，非惟風俗所致，蓋生長輦下，勢使之然。若住屋則動蹕公私房賃，或終歲不償一環。諸務稅息，亦多蹕放，有連年不收一孔者，皆朝廷自行抱認。諸項窠名，恩賞則有黃榜錢，雪降則有雪寒錢，久雨久晴則又有賑恤錢米，大家富室則又隨時有所資給，大官拜命則有所謂搶節錢，病者則有施藥局，童幼不能自育者則有慈幼局，貧而無依者則有養濟院，死而無殮者則有漏澤園。民生何其幸歟。〔註238〕

這些社會保障體系，或沿襲北宋開封府，或由臨安府創建，後由朝廷推廣至州縣，卻常因地方財政拮据而難以為繼，往往需要地鄉紳出資方能維持；〔註239〕在臨安府，可直接獲得朝廷、皇帝撥款，〔註240〕官員、富豪亦常捐助，

〔註235〕《淳祐臨安志》卷6，〈城府・樓觀〉，9b、10a，頁4887、4888。
〔註236〕《咸淳臨安志》卷79，〈寺院・大石佛院〉，10a，頁768。
〔註237〕《咸淳臨安志》卷79，〈寺院・瑪瑙寶勝寺〉14a～14b，頁770。
〔註238〕（宋）周密，《武林舊事》卷6，〈驕民〉，頁819。
〔註239〕劉子健，〈劉宰和賑饑〉，收於氏著《兩宋史研究彙編》，頁358～359；張文，〈論兩宋社會保障體系的演變脈絡〉，《蘇州大學學報・哲學社會科學版》，2015年第2期，頁174～177；陳國燦，〈南宋江南城市的公共事業與社會保障〉，《學術月刊》，2002年第6期，頁76～78。
〔註240〕王德毅，《宋代災荒的救濟政策》（臺北：中國學術著作獎助委員會，民國59年），頁86～131；楊宇勛，《取民與養民：南宋的財政收支與官民互動》，頁398～458；郭文佳，《宋代社會保障研究》（北京：新華出版社，2005年），頁37～64；鄒克茹，《宋代社會保障研究》，東北師範大學碩士論文，2014年，頁41～42。

〔註 241〕故能維持。

1. 救濟與福利機構

（1）慈幼局

淳祐七年（1247），宋理宗下旨令臨安府措置，支給錢米，收養棄兒，並雇用貧民婦女照顧。知府趙與懲「奉行惟謹」，建屋於府治側，「凡存養之具，纖悉畢備」；如民間有願收養者，官府按月給錢米補助，至三歲為止。〔註 242〕

（2）施藥局

在臨安府，原已有隸屬太府寺的官營藥局，稱為「太平惠民局」，其他州縣亦如此稱。臨安惠民局的經營和熟藥品質，和初衷相差甚遠，戶部撥款補貼惠民藥局，期以優質、廉價熟藥賣予平民，然弊端百出，藥材屢遭局吏、藥生竊盜、調換；熟藥甫製成，又為朝中有力者取得，〔註 243〕故時人戲稱其為「惠官局」、「和吏局」。〔註 244〕淳祐八年（1248）五月，宋理宗下旨創建，除製藥外，還派遣醫生到巷陌出診發藥，月為費數萬，至淳祐十年（1250）才得旨降錢十萬，令多方措置，以賞罰課醫者究心醫診，「是後都民多赴局請藥，接踵填咽，民甚賴之」，〔註 245〕施藥局之評價比太平惠民局來得良好。〔註 246〕

（3）居養院

居養院是北宋即有的設施，唐時稱悲田、福田院，另有安濟坊、養濟院等稱呼，〔註 247〕北宋因之，崇寧時改稱「居養院」，用以收容「鰥寡孤獨貧乏

〔註 241〕 這些捐助多半來自官府強制募捐，見（日）高橋弘臣，〈南宋臨安的飢饉及其對策〉，收於《第三屆中國南宋史國際學術研討會論文集》，頁 195～204。

〔註 242〕 《淳祐臨安志》卷 7，〈倉場庫務‧慈幼局〉，22a～22b，頁 4904。又見於《宋史全文》卷 34，理宗淳祐九年癸亥條，頁 2796。相關研究，參見洪偉珠，《宋朝兒童收養》，中正大學碩士論文，民國 101 年，頁 68～74。

〔註 243〕 （宋）周密，《癸辛雜識》別集上，〈和劑藥局〉，頁 225～226。

〔註 244〕 （宋）俞文豹，《吹劍錄外集》，14b～15a，頁 1244～1245。

〔註 245〕 《淳祐臨安志》卷 7，〈倉場庫務‧施藥局〉，22b～23a，頁 4904～4905。又見於《宋史全文》卷 34，理宗淳祐九年癸亥條，頁 2796。

〔註 246〕 （宋）周密，《武林舊事》卷 6，〈驕民〉，頁 819。蘇冠中，《宋朝藥政研究》，中國醫藥大學博士論文，2006 年，頁 6～15；黃敦為，《徘徊於營利與慈善之間——論惠民藥局的興起與沒落（1072～1644）》，政治大學碩士論文，民國 100 年，頁 15～31；張文，《宋朝社會救濟研究》（重慶：西南師範大學出版社，2001 年），頁 202～223。

〔註 247〕 《淳祐臨安志》卷 7，〈倉場庫務‧養濟院〉，23a～23b，頁 4905。

不能自存者」,〔註248〕和「無依倚病人」;〔註249〕開封府的福田院,由推判官、各廂使臣依福田院條貫看驗,經費來自左藏庫;〔註250〕南宋初期,兵馬倥傯,雖有下令卻未能良好施行,至紹興二年(1132),方有具體措施,令臨安府執行,設院安置,經費來自戶部支給,紹興六年(1136)十一月以後,依照年例養濟施行,成為定制。〔註251〕

(4)漏澤園

宋真宗、仁宗、神宗時,已有官收無主枯骨以官地埋葬的舉措,但都是個別下旨,未成定制,宋徽宗崇寧三年(1104)時將其制度化,在京師創漏澤園,並推廣天下;〔註252〕紹興十三年(1143)時,仍沿用舊有的漏澤園,〔註253〕紹興十四年(1144),因埋葬地遭豪強侵佔之弊端,而加以整頓,以僧侶主持喪葬事宜,由錢塘、仁和縣令佐督察,經費來自常平錢,如埋葬達 200人,賜予紫衣、師號、度牒做為僧侶的獎勵。〔註254〕此外,當都城發生重大流行病時,皇帝會特別從內帑中撥款,以支付都民醫藥、喪葬費。〔註255〕

2. 社會賑濟倉儲修建

傳統中國,建倉儲糧以備荒年賑濟的時間,可追溯至漢朝常平倉,隋朝設義倉,南宋朱熹創社倉,三倉趨於完備而沿用至清代不衰,其中常平、義倉位於城邑,社倉則在農村,〔註256〕有宋一代,人口朝都市集中,如何確保足夠供應城市人口的糧食,以及備荒儲糧,是當地長官的一大課題,由於糧食屬於「重滯之物」,無論陸運、水運,成本都頗高,大多數情況下都在本地籌措,是限於區域市場內流通的商品,〔註257〕而臨安府的情況屬於本地、外

〔註248〕《宋會要》食貨 60 之 1,〈恩惠〉,冊 12,頁 7415。
〔註249〕《宋會要》食貨 60 之 9,〈恩惠〉,冊 12,頁 7423。
〔註250〕《宋會要》食貨 60 之 3,〈恩惠〉,冊 12,頁 7416。
〔註251〕《宋會要》食貨 60 之 8,〈恩惠〉,冊 12,頁 7422~7423;《淳祐臨安志》
　　　　載於紹興十三年,見該書卷 7,〈倉場庫務・養濟院〉,23a~23b,頁 4905。
〔註252〕《宋會要》食貨 60 之 4,〈恩惠〉,冊 12,頁 7417~7418。
〔註253〕《宋會要》食貨 60 之 9,〈恩惠〉,冊 12,頁 7423。
〔註254〕《宋會要》食貨 60 之 9,〈恩惠〉,冊 12,頁 7424。
〔註255〕《備要》卷 4,寧宗慶元元年四月庚申條,頁 63:「是月,都城大疫。上出內
　　　　帑錢為行在貧民醫藥、棺斂費,仍賜諸軍疾疫死者家。」
〔註256〕梁庚堯,〈南宋的社倉〉,收於氏著《宋代社會經濟史論集》(臺北:允晨文
　　　　化實業公司,民國 86 年),下冊,頁 427。
〔註257〕包偉民,〈宋代的糧食貿易〉,收於氏著《傳統國家與社會(960~1279 年)》
　　　　(北京:商務印書館,2009 年),頁 4~13。

地皆有，跳脫區域市場的範疇，主因即在於人口眾多，更進一步說，70 萬人中有 20 至 30 萬人是處於災荒時需要賑濟的「細民」，〔註258〕因此多位臨安知府、兩浙路轉運司增築、創新糧倉，除供給朝廷諸軍司，也負責災荒時出糶。〔註259〕淳祐年間，趙與𥲅在臨安城新築或重建多座糧倉、鹽倉，除前述功能，也有平價借貸給平民的社會保障用意；〔註260〕咸淳年間，為收納公田法所得之米，知府潛說友創建新的百萬倉。茲將其重建、創建的倉庫列舉如下。

（1）鎮城倉

淳祐三年（1243）重建，在餘杭門裡師姑橋。〔註261〕

（2）常平倉

在鎮城倉東，淳祐三年（1243）重建，餘杭門外師姑橋。〔註262〕常平倉的作用，於豐收時收購糧食，以免穀賤傷農；災荒時，平價出售，以免穀貴害民，主要目的，在於平抑穀價、調劑盈缺、作循環式的糶糴，或者借貸給缺種農民、開墾廢田或新修水利工役的受益民戶；或者支借軍需、州縣移作他用等。〔註263〕

（3）平糶倉

位於鹽橋之北，新橋東岸，淳祐三年（1243）創建，持續擴建至淳祐八年（1248）止，共 28 敖，積米 60 餘萬，〔註264〕功能為賑恤之用。〔註265〕

〔註258〕（日）高橋弘臣，〈南宋臨安の下層民と都市行政〉，《愛媛大学法文学部論集・人文学科編》21 号，2006 年，頁 123～133。

〔註259〕如景定四年擴建完工的豐儲倉、端平元年趙與𥲅擔任浙漕時建造的端平倉等，見《咸淳臨安志》卷 9，〈行在所錄・監當諸局〉，3b、5a～6a，頁 107、108。臨安城增築倉庫的過程、功能，參見（日）高橋弘臣，〈南宋臨安の倉庫〉，《愛媛大学法文学部・人文学科編》35 号，2013 年，頁 71～79。

〔註260〕（日）斯波義信，〈南宋における「中間領域」社会の登場〉，收於（日）近藤一成編，《宋元時代史の基本問題》（東京：汲古書院，1997 年），頁 190。

〔註261〕《淳祐臨安志》卷 7，〈倉場庫務・諸倉〉，18a～18b，頁 4902；《夢梁錄》則記在餘杭門外師姑橋，見（宋）吳自牧，《夢梁錄》卷 10，〈本州倉場庫務〉，頁 166。

〔註262〕《淳祐臨安志》卷 7，〈倉場庫務・諸倉〉，18b，頁 4902；《夢梁錄》卷 10，〈本州倉場庫務〉，頁 166。

〔註263〕王德毅，《宋代災荒的救濟政策》（臺北：中國學術著作獎助委員會，民國 59 年），頁 28～38；（日）高橋弘臣，〈南宋臨安の倉庫〉，《愛媛大学法文学部・人文学科編》35 号，2013 年，頁 69～70。

〔註264〕《淳祐臨安志》卷 7，〈倉場庫務・諸倉〉，18b～19a，頁 4902～4903。

〔註265〕《宋史》卷 178，志 131，〈振恤〉，頁 4343～4344。

（4）淳祐倉

又名百萬倉，淳祐九年（1249）建造，[註266] 倉儲來源為客板納稅及拘買。據《吹劍錄外集》載：

> 淳祐九年，臨安府造百萬倉，一應客板，盡拘定。監抽解場劉坦道語吏曰：「客板每百片，將作監、臨安府、轉運府（司）三處，共抽解二十四片，僅餘七十六片。若又盡拘買，是殺其一家也，此必非上意。」吏遂束手。[註267]

此處略提及百萬倉的收入來源，也反映出淳祐時期臨安府境內對商販貨運抽解的概況，帶有剝削的意味。

（5）咸淳倉

咸淳四年（1268），由知府潛說友創建，目的在儲藏公田法歲入之米，遂「買瓊華廢圃，益以內酒庫柴炭屋地」，以御園瓊華園廢地興建新的省倉，容積達 600 萬石。[註268]

大體而言，漏澤園、慈幼局、施藥局這類「恩澤型」措施，多以皇帝下旨的方式，命臨安知府措置，以符合「恩自上出」的形式；防隅體系，事關調動三衙禁軍，需向朝廷申請；城市倉儲、徵稅所、公共設施則屬於知府權限範圍，可自行規劃、修建。

第四節　轄下士民對知府的評價

「評價」是一種相當主觀的認定，不過「客觀」亦可視為他人的「主觀」，史籍搜錄的人物傳記多來自本人的行狀、墓志，考慮到撰寫人與墓主之間的關係，有時還得不同傳記相互對照，才得以一窺事件全貌，而南宋史學又深受理學道德史觀的影響，對部分人物、事件的評價難稱公正，[註269]《宋史》的編纂又是在元末兵馬倥傯環境下倉促為之，不少地方採用了理學家道德史

〔註266〕《咸淳臨安志》卷9，〈行在所錄・監當諸局〉，5b，頁108；《宋史》卷43，本紀43，〈理宗三〉，頁841；《宋史全文》卷34，理宗淳祐九年九月丙子條，頁2799：「提領戶部財用趙與籌創置新倉三百七十餘間，貯米一百二十萬石，欲以淳祐為名，及照豐儲倉例，辟官四員。」

〔註267〕（宋）俞文豹，《吹劍錄外集》，16a，頁1247。

〔註268〕《咸淳臨安志》卷8，〈行在所錄・咸淳倉〉，5b～6a，頁108。

〔註269〕（美）蔡涵墨（Charles Hartman），《歷史的嚴妝：解讀道學陰影下的南宋史學》（北京：中華書局，2016年），〈序〉，頁1～7。

觀，而無深入的考據，導致部分人物的名聲遺臭萬年，如前述所提及之趙與
簹為聚斂之臣的評價。不過，本節寫作的目的，並非特地為這些知府的名譽
扳回一城，而是有感正史對歷史人物的描寫方式太過刻板，不如筆記小說中
的直接，甚至不如編年史的鉅細靡遺，故而從中揀選數則軼事，供讀者莞爾
一笑，也可與正史中的記述相對照，瞭解從不同角度下所見的知府形象為何。

一、惡名昭彰的知府

1.「活畜生」宋煇

宋煇在南宋初期紹興二年至三年（1132～1133）間知臨安府，遭御史曾
統彈劾，因而罷任、與祠，〔註270〕理由是救火無術、罪戾至多、受內臣請託
私縱私酤。〔註271〕莊綽的記載更為生動寫實：

> 宋煇字元實，春明坊宣獻公之族子也，脂偉而黑色，無他才能，在
> 揚州嘗挾高宗登舟渡江，故被記錄，歷登運使，以殿撰知臨安府。
> 士民皆詆惡之，目為「油澆石佛」，甚者呼為「烏賊魚」，謂其色黑，
> 其政殘，其性愚也。又作賦云：「身衣紫袍，則容服之相稱；坐乘烏
> 馬，因人畜以無殊。」仍謎以詈之曰：「臨安府城裏兩個活畜生：一
> 個上面坐，一個下面行。」以其常乘烏馬故也。嘗有舟人殺士人一
> 家，乃經府陳狀云，「經風濤損失」，煇更不會問，便判狀令執照。
> 後事敗於嚴州，尚執此狀以自明。鞫之，前後此舟凡殺二十餘家矣。
> 其在臨安，凡兩經遺火，焚一城幾盡。人謂府中有「送火軍」，故致
> 回祿。蓋取其姓名，移析為此語。竟以言者論其謬政而罷。不數月，
> 即除沿海制置使。終以扶持之勞，簡在上心也。言者弗置，命乃不
> 行。〔註272〕

經此對照，《要錄》寫得簡單得多，《咸淳臨安志》只記載離任方式，不像莊綽
所記，將始末和士民觀感盡數寫出，其中翻舟殺人一事，《宋會要》也有記載，
〔註273〕在宋筆記也可見有覆舟殺人取財的記述，〔註274〕可知莊綽所記非無的

〔註270〕 《咸淳臨安志》卷47，秩官5，〈古今郡守表〉，3b，頁454。
〔註271〕 （宋）李心傳，《要錄》卷61，紹興二年十二月庚子條，頁1215。
〔註272〕 （宋）莊綽，《雞肋編》卷中，〈宋煇繆政士民詆惡〉，頁54～55。
〔註273〕 《宋會要》兵13之10，〈捕賊三〉，冊14，頁8856。
〔註274〕 （宋）洪邁，《夷堅志》（北京：中華書局，1981年），補卷6，〈周翁父子〉，
頁1603～1604。

放矢，再佐以御史曾統的彈劾，可知其治事無狀。再看陸游引述宋煇自言官運不佳的理由：

> 予兒時見宋脩撰煇為先君言：「某艱難中以轉餉至行在，時方避虜海道，上大喜，令除待制。呂相元直雅不相樂，乃曰：『宋煇係直龍圖閣，便除待制，太超躐，欲且與脩撰。脩撰與待制，亦只爭一等。候更有勞，除待制不晚。』遂除祕撰。」宋公言之太息曰：「此某命也。」頃予被命脩高宗聖政及實錄，見日曆所載，實有此事。自昔大臣以私意害人，此其小小者耳。〔註 275〕

據《要錄》所記，宋煇在紹興九年（1139）重為祕閣修撰、充京西路轉運副使權京畿都轉運使職事，〔註 276〕之後未見記載，可知其官運確不亨通，然是否真如陸游所認，是大臣以私意害人，恐怕不是這麼簡單。

2.「至今父老痛之」的趙與懽

趙與懽在《宋史》中的評價很好，嘉熙大旱時救人無數，甚至有「趙佛子」的尊稱。〔註 277〕不過，在筆記小說中仍有不同的記載：

> 嘉熙庚子大旱，京尹趙存耕科敷巨室糴米，始官給三十六千一石，未幾粒價增四五倍，豪民巨姓破家蕩產，氣死、縊死者相踵，至今父老痛之。〔註 278〕

趙存耕即趙與懽，而俞文豹的記述可代表富室、豪民乃至本地糧商的立場，與《宋史》本傳配合來看，得以窺知趙與懽的和糴政策是採取劫富濟貧的作法，使得受害者憤恨不平。

3.「尹京無善狀」的馬光祖

馬光祖在《宋史》和宋人的筆記小說中之形象頗為正派，不過《宋史全文》中卻記載了一段宋理宗對賈似道抱怨他的話，節錄如下：

> 上曰：「馬光祖再尹神臯，殊無善狀，朝綱所繫，豈宜動肆輕褻。」似道奏：「宅揆非才，望輕招侮，法宜引去。陛下曲賜全宥，臣惟有恐懼。」上曰：「卿之所爭為公，光祖之所爭乃為私。」諫臣陳堯道奏：「貪吏為蠹者八事，而勢家、譁徒、點胥尤甚。」詔戶部下諸路

〔註 275〕 （宋）陸游，《陸放翁全集·老學庵筆記》卷 7，頁 44。

〔註 276〕 （宋）李心傳，《要錄》卷 126，紹興九年二月丙寅條，頁 2384。

〔註 277〕 《宋史》卷 413，列傳 172，〈趙與懽傳〉，頁 12406。

〔註 278〕 （宋）俞文豹，《吹劍錄外集》，16a，頁 1247。

監司禁戢。〔註279〕

這段敘述是在馬光祖離任、改知福州後，宋理宗的抱怨，主旨有四，分別是「尹京無善狀」、「朝綱所繫」、「望輕招侮」、「所爭為私」，末了還有陳堯道彈劾胥吏、勢家、譁徒，湊在一起，似無所關聯。然而，若從馬光祖第二次知臨安府時，曾在飢荒時硬逼榮王趙與芮捐糧賑饑，〔註280〕尹京時峻峭壁立，仍不免流俗，受勢家請託，〔註281〕第一次任臨安知府時還曾因不清楚公文程序而被師應極捉住把柄，挫了威望，兼以得罪三學，更難以自容，〔註282〕陳堯道所言，馬光祖都遭遇到了。宋理宗抱怨的四項，從其角度看周密所載內容，會認為馬光祖是在給自己添麻煩，自會認為「尹京無善狀」。

二、鐵面無私、斷案如神、體恤士民的知府

1. 趙子潚（1101～1167）

趙子潚字清卿，燕王德昭之後，〔註283〕宋宗室，宣和進士，為衢州推官時，曾助知州胡唐老擊退苗、劉之叛軍；〔註284〕擔任臨安知府時亦以幹練、嚴明、善理財而聞名，臨安城內曾發生在元宵節時逛街婦女背後衣衫蓋印、壞人名節的無賴案件，全文如下：

> 高宗時，趙待制子潚尹臨安府，方留意元宵，張燈甚盛，游人繁伙，有亡賴子造五色印，於人叢中印婦人衣，印文云：「我惜你，你有我。」白衣用黑印，青衣者用黃印，鬧市中殊不覺也，次日視之，方駭，雖貴官良眷，無不含羞點污。事聞於趙，趙素以彈壓自負，即命總轄捕索之，督責甚酷。捕者乞勿張惶，更寬一夕，可以計獲，趙許之。即於牙儈處假數婢飾為村婦出遊，自後視之，至喧鬧處，

〔註279〕《宋史全文》卷36，理宗景定三年五月壬申條，頁2911。

〔註280〕 事見《宋史》卷416，列傳175，〈馬光祖傳〉，頁12487；《宋季三朝政要箋證》載於景定三年十月，似有誤，據《宋史全文》所記饑荒應在景定二年十月，馬光祖在該年十一月上任，逼捐糧事見《宋季三朝政要箋證》卷3，理宗景定三年十月條，頁297～298、饑荒事見《宋史全文》卷36，理宗景定二年十月庚寅至庚子條，頁2906。

〔註281〕（宋）周密，《癸辛雜識》後集，〈馬裕齋尹京〉，頁83～84。

〔註282〕（宋）周密，《癸辛雜識》別集下，〈馬光祖〉，頁300～301。

〔註283〕《宋史》本傳記為秦康惠王後，有誤，見《宋史》卷219，表10，〈宗室世系五〉，頁6157；（宋）胡銓，《胡澹庵先生文集》（臺北：漢華出版社，民國59年），卷24，〈龍圖閣學士贈少傅趙公墓誌銘〉，9a，頁1235。

〔註284〕《宋史》卷247，列傳6，〈趙子潚傳〉，頁8746～8748。

> 亡賴果如前所為，俱就執縛，其為首者乃睦親宅宗子也，素號攔街
> 虎。府尹以叔父行，戒云：「俟坐衙，即押來，不得言是宗子。」遂
> 命左右以巨篙笞之，雖叫呼，竟若不聞，須臾榜死。趙即自劾，得
> 旨放免，時人服其剛決云。〔註285〕

臨安城人物甚夥，不法集團亦多，已如前引周密《武林舊事》所記；而此次案
件值得注意的是主謀為宗室，根據宋朝法律，宗室享有特權，睦親宅宗子更
是皇親近屬，如依法判案不過送大宗正司庭訓，最重也僅閉鎖拘管，〔註286〕
為了朝廷、自身威信、皇室名譽和京城治安、風氣，趙子潚以叔父的「尊長」
身份處死了主謀。

2. 趙師𡊮（1148～1217）

趙師𡊮的生平事蹟，請參見拙作〈趙師𡊮與臨安府〉，除去其評價兩極
這點，他的善用人、善斷案亦流傳於後世，民間對其評價亦較士大夫階級為
佳。〔註287〕

3. 章良肱（生卒年不詳）

章良肱是湖州（今浙江湖州）人，淳熙十一年（1184）進士，與衛涇
同年，〔註288〕嘉定十年（1217）以浙漕暫兼知臨安府，在任僅三個月，〔註
289〕但仍留下頗具正面的風評，其事蹟如下：

> 嘉定乙亥，章宗卿良肱以浙漕攝京尹。有士人為販夫摘破裙裾，公
> 曰：「輕盍避重。」令夫拜之，士人曰：「賤合避貴。」必欲償背，
> 公曰：「背直幾錢？」曰：「元製十千。」公曰：「我償汝十千，汝還
> 他八拜。」士人語塞而去。〔註290〕

按嘉定乙亥為嘉定八年（1215），與《咸淳臨安志》所記不符，應是俞文豹誤
記，文中記章良肱的判決，頗有迴護小民之意。

〔註285〕（明）田汝成，《西湖遊覽志餘》（上海：上海古籍出版社，2018年），卷25，
〈委巷叢談〉，頁303。
〔註286〕何兆泉，《兩宋宗室研究——以制度考察為中心》，頁147～153。
〔註287〕梅哲浩，《南宋宗室與包容政治》，頁135～151。
〔註288〕（宋）談鑰，《嘉泰吳興志》（北京：中華書局，1990年），卷17，〈進士題
名〉，16b，收於《宋元方志叢刊》，冊5，頁4830。
〔註289〕《咸淳臨安志》卷48，秩官6，〈古今郡守表〉，12b～13a，頁
〔註290〕（宋）俞文豹，《吹劍錄外集》，21b，頁1258。

4. 趙與𥲃（？～1260）

趙與𥲃的事蹟請參見拙作〈趙與𥲃與臨安府〉，〔註291〕其在知府任內的政績可視為歷任知府的集大成，除因應氣候變遷、西湖乾涸導致水源斷絕，重新開闢新的水道、疏通舊有淤積水路、運河，增加城市糧食倉儲，擴充都民醫藥保障，復興旅遊景點、振興府學的文化事業等，皆是不可磨滅的貢獻。本段主要提及兩件其救人的事蹟，都是得罪鄭清之而獲罪入獄，其中一人為柴望，因修國史而得罪鄭清之，詔下府獄，差點不免，賴趙與𥲃進言求情，放歸田里。〔註292〕

第二人為鄭思肖的父親鄭起，因鄭清之再相，登門痛罵其為「端平敗相，何堪再壞天下耶」，而被全家捕縛下臨安府獄，趙與𥲃僅留了他們一夜就全釋放了。〔註293〕

由上兩例可知趙與𥲃其人如何，亦可窺見以理學自居的鄭清之，人品如何。

小　結

皇帝看中哪些長才、特質，作為選擇臨安知府的標準，可以從任命制誥、辭免表、不允詔略知一二，這種文體是南宋政治文化的特色，一來一往，可以略窺宋朝祖宗之法的運作情形，以及在南宋的變化，還可以看出任命當時的環境背景處於何種狀態，以及當權者為何需要此人來擔任知府。

臨安府名為行在，實為京師，素為浩穰，人物甚夥，組織編制架構大致如地方政府等級的帥府，不同之處在部分中央寺監省併後，其下屬單位轉隸，如原為將作監的修造司，改隸臨安府，這也是南宋都城地位特殊之處，在組織運作上仍可見其為中央直轄的首都特區，且較北宋開封府權力集中、責任重大。

除去中央交付事務外，臨安府內的特區事務亦龐雜，行政、財政、司法、治安均遠高於地方政府的質與量，對於施政的優先度，皇帝與士大夫各有見解，主要以彈壓和濟養並用，視情況以何者為先，充滿彈性。

城市財政收入來源，與地方政府相仿，主要以兩稅、專賣，其中以賣酒

〔註291〕　梅哲浩，〈趙與𥲃與臨安府〉，《華岡史學》第6期，民國108年，頁31～76。

〔註292〕　（宋）柴望，《秋堂集》（臺北：臺灣商務印書館，民國72年），附錄，〈宋國史秋堂柴公墓誌銘〉，2b，收於《文淵閣四庫全書》，冊1187，頁491。

〔註293〕　（宋）鄭思肖，《鄭思肖集》（上海：上海古籍出版社，1991年），〈先君菊山翁家傳〉，頁141～142。

醋為大宗，朝廷對臨安府多蠲免兩稅、酒課上供，且亦多補貼、資助。

都市建設，是歷任知府慢慢累積而來的逐步規劃，在淳祐年間由南宋時代任期最久的知府趙與懃一口氣大規模整建而成，奠定晚宋臨安城的城市風貌，使得咸淳年間的知府潛說友難以望其項背而被迫另闢蹊徑。

南宋以臨安為都城 139 年（1138～1276），歷任 156 人次知府，共 130 人，除正史、墓誌銘等較正式的記載，透過時人筆記，得以窺知一些生動的事蹟，也為本文添加些許趣味性。

圖 4-1：臨安府治圖

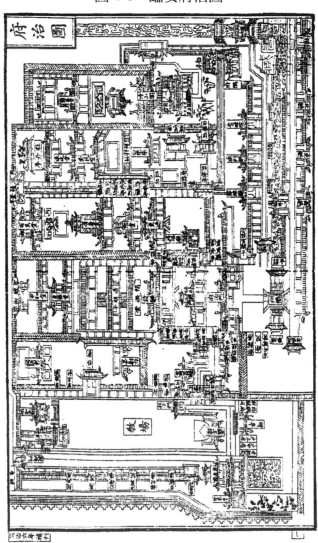

引用自《咸淳臨安志》同治六年刊印版圖

圖 4-2：京城圖

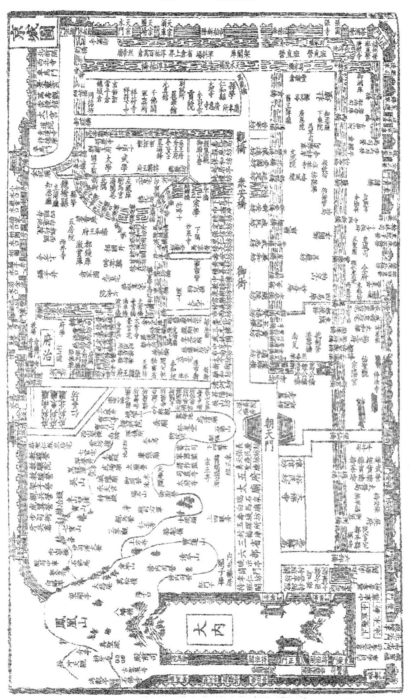

取自《《咸淳臨安志》宋版「京城四圖」復原研究》所附〈京城圖〉復原版

圖 4-3：臨安府行政組織圖

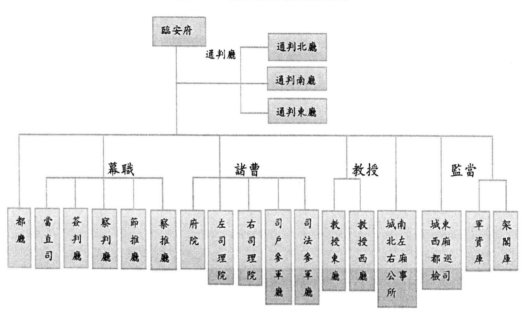

取自楊竹旺《南宋都城臨安府行政管理制度研究》附圖 2

結　論

　　近代歷史學自 20 世紀中葉年鑑學派興起，兼以凱斯・詹京斯（Keith Jenkins）、娜塔莉・戴維斯（Natalie Zemon Davis）等歐美學者提出新的史學理論，歷史學界開始代入不同學科理論來詮釋史料，如社會現象與政治文化代入社會學、統計學、文化學和政治學；財政代入經濟學、統計學；貨幣則代入貨幣學；法律是法學、文化學；城市研究是市政學、區域規劃學、文化學……等。宋史研究者們自也追隨此潮流，其中在政治、制度方面，以上個世紀前期的內藤湖南提出的「唐宋變革」為基礎，包括鄧小南、黃寬重主張的「活的制度史」；寺地遵、平田茂樹主張的「政治過程論」等新的研究方法，為宋史學界提供新的方向。

　　本論文的撰寫即建立在市政學、政治學、法學、文化學的理論基礎上，運用「活的制度史」和「政治過程論」來完成，不只研究南宋都城臨安的組織架構，也研究臨安知府的政治地位。鄭壽彭在這領域可視為先驅，蒐羅大量北宋開封知府的資料，惜其為行政院科長，曾有專著《現代政治概論》，[註1]專精領域為政治學，故《宋代開封府研究》一書並非用史學的角度，而全以政治制度的角度去述論，故在詮釋上有所偏差，不過其理論架構仍有可供參考之處，兼以現代資訊發達，資料庫盛行，過去礙於資料收集而侷限的歷史議題得以再深入探討。

　　對於中國歷代首都的研究，海內、外學者已著述甚多，兩宋京城研究亦

〔註1〕 鄭壽彭的履歷，見杜康，〈書評：莫克博士收集的沉默〉，收於《現代學苑》，
　　　　第 10 卷第 8 期，民國 62 年，頁 352。

不例外。藉由市政學探討都城規劃、利用社會學探討都城階層、文化學探討都城生活……然而，關於國都的地位、組織架構仍承襲舊論述，絕大部分的現代學者仍認為開封府與臨安府皆屬地方政府，對知府的任官型態也缺乏解釋。鄭壽彭與賈玉英提供了南宋國都地位不同論點，皆從制度角度去探討國都地位，和前人不同之處，在於賈玉英的《唐宋時期地方制度變遷史》利用了「活的制度史」，蒐集、條列制度史料來論證臨安府的政治地位，惜仍缺乏決定性的論證；趙晶的期刊論文〈試論宋代法律體系的多元結構——以宋令為例〉提及了「在京法（特別法）」、「海行法」兩種並立的法律體系，無意中提供了關鍵線索，《玉海》的〈慶曆會計錄〉則是將京師和地方經費分開計算，再配合市政學對首都的分類方式，得以得出臨安府屬於首都特區，和地方政府是不同的行政單位，在法源上屬於中央直轄機構。

臨安知府多卿監從臣兼知的意義，與臨安府為中央事務執行機構有關，這又涉及南宋初期省併寺監政策，其中將作監和軍器監的部分隸屬單位改隸臨安府；太府寺負責發放在京官吏、駐軍的薪俸料錢、東南會子的發行管理、臨安惠民諸藥局的營運；司農寺負責綱運和倉儲，這些工作都需要臨安府的配合，兩監、兩寺上行的工部、戶部、兵部，為避免公文流程延誤工期，能隨時監督、隨時查核，形成以該部門長貳兼知臨安府的情況。

臨安知府任職型態分為正任、兼任。前者以散官、貼職知臨安府，達43人（任）次；後者則分為由中央尚書六部中的五部、寺監長貳乃至執政兼知、兩浙路轉運司兼知，部分知府多次再任，總任次為156，總人數130，由於不乏任內轉換部門、升遷之人，因此超過總任次的156，達到164人（任）次，其中以戶部兼知臨安府居冠，遠超過其他部與寺監，第二位是太府寺，第三位為浙漕。浙漕兼任首都特區長官，如梁偉基所言，兩者間具備某種密切關係；由中央官兼任人次遠超過地方官，若以宋代國策角度來判斷，無論浙西轉運司、卿監從官等，皆為中央官，由此可窺知南宋「以財持國」的政治過程，以及首都特區中央直轄化的制度變遷。

臨安知府的遷轉，首都特區長官的任官資格、經歷和專長，過去討論政治史和制度史，只圍繞在知府是否具備進士出身、庶姓或皇親國戚、制度上該以何種官職資格才能擔任等議題，梁偉基提出了擔任臨安知府需具備理財專長，但年限斷於南宋初期，且只追溯到知府就任的前一個差遣；鄭壽彭則是論證北宋權知開封府離任後應直升執政的宋人說法，儘管兩宋皆有此說，

但最終當到宰執的人為少數，不過南宋臨安知府在卸任後升從官者頗多，或者以卿監從官兼知臨安府、兩浙路轉運司兼知臨安府，前者的情況在宋孝宗以皇太子為臨安府尹後增加；後者則貫穿整個南宋，常見暫兼知或調任的形式，而從中央調任的比例最高，其次為浙漕，顯示南宋中央直轄的運作方式，盡可能從在京朝官或同在城內的兩浙路轉運司選派知府，這與南宋以財持國的政策、不希望京師乃至中央交辦事務因首長空缺而無法運作有關。

臨安知府的來源分為三種：從中央調任、浙漕調任和地方調任。從中央調任或兼任臨安知府，多為尚書六部中的吏、戶、兵、刑、工正、副長官，寺監則多為司農、太府、太常、大理寺，軍器、將作監的正、副長官，這符合了梁偉基認為臨安知府必須掌握財權與兵權兩項專長的論點，也證實臨安府為中央「直轄」的地位；浙漕的地位比較特殊，制度上來說它屬於地方監司，但衙署在臨安城內，與臨安府衙比鄰，朝廷在修官署、皇帝修宮室、賑濟時撥錢米，或同時向兩司下令，或擇一下令，梁偉基認為中央政府的財政來源主要依靠浙漕措置供給，故高宗時由浙漕官僚出掌臨安府，目的在增加行政效率、避免權責上的混亂，這一論點可擴大貫穿整個南宋時代，由浙漕兼知臨安府的人數僅次於來自中央，如臨安府代表事權，浙漕代表財權，余蔚主張的南宋中央向地方政府放權而產生的完整制情況，在核心地區的兩浙路則是變得更為中央集權。從地方調任的知府，首先具備曾任一路首州或軍事重鎮的資歷，其次為財經職位，再次為路司法資歷，均是在地方歷練過的老成之人，才得以出任臨安知府。

在任期上，制度規定三年一易，臨安知府卻很少實現；任滿為執政的說法，也很少實踐，離任方式分為：外調 28 人次、回任浙漕 11 人次、留在中央 73 人次、罷免 22 人次、其他 21 人次。離任後的仕途，仕至卿監者 64 人，從官 81 人，執政 21 人，宰相 6 人，在任內不乏迅速遷轉的情況，顯示該職要劇，可謂通往要津之途。今人黃光輝提出新的六部尚書地位順序，是以六尚書之間的升遷次序為著眼點，其中戶部和工部的地位分別是倒數第二和殿後，而這兩個職位的長貳，卻是最常兼知臨安府，由此可知南宋有意提高臨安知府地位，但又不欲太過提高，而多予以六部排名較後的侍從職官，這兩部的業務又與財政、工程、作坊相關，正符合劉子健形容南宋政治文化「一個政策帶有多重目的」的論述。

臨安府為中央直轄事務機構，擁有極大的事權，自然與朝廷政治有密切

聯繫，林正秋、徐吉軍認為臨安知府大部分任期都不長的原因是容易得罪權貴，不過劉子健曾提及南宋中央政局不穩定，連帶影響到臨安府這直轄事務機構，兼以宋朝改官制度，從選人開始，除磨勘外還需薦舉，即是從出仕開始便逐步形成人際關係網，京朝官開始只靠磨勘，看出身、看資序、看館閣貼職有無，升遷速度緩慢，想快速升遷，除各種「儲位」，若能獲得宰執、侍從乃至皇帝賞識是最好不過，這時候過去累積的人脈網路便發揮作用。在各種「儲位」中被稱為「輔弼之儲」的首都知府，因南宋國策權力大增，知府的人際關係主要表現在與朝中宰執、近習、皇親國戚的往來，即俗話「朝中有人好做官」，而宰執、皇帝為維持政權穩定，也需依靠具備處理龐雜事務的幹才之人擔任知府，最好是具有相同政治傾向的人，不然就是同年、同學、同鄉，這就是「朋黨」的構成要素，而宋代朋黨的特性是凝聚力不強，隨時可因部分政見不同而分道揚鑣；宰執有權推薦知府人選，皇帝也有自己的口袋名單，最終仍須皇帝首肯，知府之命方能達成，偶見皇帝在宰執進名單、知府朝見、朝辭時表達此任命「出自朕意」的記載，無論朋黨或結交近習，目的終歸在獲得皇權支持。知府結交近習，目的是固權、求進用和偵知內廷信息，此現象集中在宋孝宗時、宋寧宗前期；知府與宰執的關係，則為外廷的「朋黨」，貫穿整個南宋，在權相執政期間最為明顯。

知府對朝政的參與，主要取決於知府本身的官職資格，以討論禮儀的集議為代表的話，要貼職至待制的從官資格才能參與；奏對時，會根據所在差遣上奏轄內事務、建議，有時會進奏職掌外的其他事情；朝廷典禮方面，上尊號、冊后典禮，根據資格來決定知府擔任哪種禮使；遇乾旱水患等天災時，會舉辦禳災儀式，皇帝、宰執會親自參與，派遣從官至京城內正祀祠堂祈禱，兩宋形式大體一致，南宋臨安府自知府俞俟奏封靈感觀音後，逢水旱災時前往上天竺山祈雨雪成為一種慣例，綜合以上論證，可以歸納出臨安知府對朝政的參與，集中在上尊號、冊后、禳災祀典。其次，是臨安府承辦的中央事務，一為外交庶務，包括館驛的興建和維護，人員借調、使館的警備，國信排辦、支付使節及出差人員食衣住行、出差等費用；二是中央政府官署、皇親國戚外宅家廟的修建，中央官署的修建集中在南宋前期，職權歸修內司後，僅剩修內司提出整修宮殿時，與浙漕捐助經費的義務，皇后外宅家廟，由臨安府覓地、出資材，雇人修建，其他還包括皇太子府、禮部貢院、祭壇、無主皇親攢所的祭祀；三是賑濟城內外軍民，賑濟方式是由皇帝內帑或戶部撥款，

交由府方施行的方式進行；四是社會保障、福利機構的營運，同樣是由皇帝
撥款，府方營運的方式，五是東南會子的收兌，南宋中央發行的官會子政策
是「錢會中半制」，為維持貨幣信用，會適度出戶部錢或內帑維持幣值，稱為
「稱提」，但從中期開始錢會中半制難以為繼，嘉定二年（1209）以後出內帑
金銀、香藥、官資、封贈敕誥、度牒等信用憑證回收東南會子的次數越來越
多，原本此職權歸太府寺管轄，人力、材料調度等工作仍須臨安府配合，故
太府寺長貳常兼知臨安府，成為實際承辦機構，紹定五年（1232）後東南會
子改由都司官管轄，臨安府仍為承辦收兌的機構。

除由中央五部寺監兼知臨安府外，臨安知府還兼任其他差遣，如浙西安
撫使兼馬步軍都總管、敕令所詳定官、提領戶部財用、管內勸農使、橋道頓
遞使等職。

朝廷對於知府的期望，可從任命制誥窺知 二，分為安民、彈壓、斷案、
吏才、理財、其他這六項；辭免表則可窺知宋代政治文化的特色，受知府任
命者多以私人理由拒絕；不允詔亦是宋代政治文化的特色，藉讚揚任命者的
人品和才幹，強調選擇此人、非此人不可的理由。

最後，首都特區內的都市事務，第一是施政的優先順序，宋人繼承唐人
「郡邑惠養，輦轂彈壓」的部分精神，對「天下之根本」的京師特區採取多種
施政策略，皇帝、士大夫各有其見解，易言之即是視情況變更施政優先順序。
彈壓，是針對城內外豪強奸猾，為避免治安敗壞，秩序崩潰，採取強硬手段，
不一定每任臨安知府都會採行該措施；惠養，是包含長期性和臨時性的社會
保障、福利政策，前者有中央性質的太醫院、現場調藥或販賣成藥的太平惠
民（和劑）局、收養乞丐及貧苦無依者的養濟院、埋葬貧苦無計者的漏澤園、
收養貧苦無力撫養之幼兒的慈幼局，以及由府方經營的施藥局等；臨時性的
賑濟，是在發生天災人禍時，對城內外細民、軍人予以救助，有時是給米、
柴、藥物等物資，有時是直接撥錢。值得注意的是，這些救助和社會保障、福
利政策，都是由朝廷推行，臨安府承辦，以這樣的形式進行的。在彈壓、惠養
之外還有綜合型的施政策略，有要求知府既能彈壓，又能惠養；也有要求知
府具備都市規劃和建築的長才，能安民止訟，善斷案，敏於吏事，善理財，懂
軍事，還要人品服眾，這些條件常見於任命制誥中，幾乎每篇制書的內容都
有些微差異，充滿人情味。宋朝的制書有固定格式，分為「海詞制」與「專詞
制」，前者是大量發給中、下層官員，形式固定、內容固定的制書，後者則為

發給上層官員、雖有固定行文格式內容卻量身定做的制書，從現存發給臨安知府的制書內容來看，屬於「專詞制」，除因擔任知府需為朝官資格外，從制書內容也可看出對這一職位的重視程度。

　　臨安府的行政組織，已有眾多學者撰文討論過，大致可以劃分成知府、通判、幕職僚佐三個層級。臨安府的組織架構大致如地方政府中的大藩府，知府以下有二個通判，添差一人，後來添差成為常態，在仁美坊修建了專屬的官廳「東廳」，而不像北宋開封府長期設置判官、推官，僅有在光宗尹臨安期間短暫設置如開封府。知府位階要求在朝官以上，因宋朝以皇位繼承人為京尹的慣例，知府不坐正廳辦公，改在府衙內東廳治事，臨安府衙是個集合式的巨大院落，知府及其家眷居住其中，衙內分為公、私領域，公領域的部分除府方幕職、僚佐公廳，以及府院、左右司理院的監獄，安撫司及其簽廳，以及教場；在府衙的南方是三通判廳，北側是府學，西邊豐豫坊內是慈幼局、施藥局和兩浙路轉運司，過樓店務橋則有撫幹廳，點檢所主管、幹辦廳，都錢庫官廳皆在俞家園，位在府學、湧金池北，距離府衙較遠。轉運司的地理位置與府衙比鄰，考量到城內外事務常由兩司承辦，浙漕常兼知府，可以理解府、漕之間關係密切，衙門比鄰，溝通方便。再從〈京城圖〉看臨安城佈局，從南往北依序為皇城、三省六部等中樞機構、德壽宮，臨安府和轉運司正好座落在皇城的東北側，考慮到臨安府、轉運司為承辦中央事務機構，無論上朝、奏對還是指令傳達，在地理位置上都方便得多。

　　臨安府承辦中央事務，除接受中央補助外，也有自己的財源。南宋時代，由於中央大量侵奪地方財源的關係，地方政府的財政狀態惡劣，僅保有兩稅、酒課，支出包括官吏、駐軍費和上供，負擔非常沉重；臨安府除上述兩種收入，還有商稅、鹽稅等，朝廷又常給予蠲免土貢、商稅上供，財政狀況比地方政府好，不過蠲免多，負擔也大，仍發生過積欠商家貨款、自籌款項償還的事件，大部分的支出耗費在承辦外交庶務、提供經費給修內司。

　　臨安府的轄境為府和附郭仁和、錢塘兩赤縣，以及城外南北的廂區，是開放性的城市，城內、外治安均由臨安府派遣使臣巡檢維持，巡檢人力來自三衙、府隸禁軍，荒郊野嶺的巡檢寨則為禁軍、土兵混合駐守，縣則有縣尉隸屬的弓手，城內還有保甲民防，治安維持的主力仍為來自三衙、府隸禁軍；司法方面，城外廂的審判權，在「杖六十以下」可由管理機構「主管城南北左右司公事」裁決，城內則由縣衙、府衙負責，御史臺保有監察、彈劾、保舉之

權，皇帝亦時常關注都城民情利弊。

　　宋朝以「四善四最」為州縣長官考課基準，公共事業為考核項目之一，地方長官在資金不足時會向當地鄉紳募捐，主導者仍為官方；臨安府為南宋國都，輻輳既廣，對都市服務格外重視，劃分亦多，部分符合現代對都市服務的概念，大致可分為：消防治安、水利設施、糧食儲備、道路交通、社會保障、都市更新等，多由臨安府直接管理，或由朝廷下令施行，簡單區分為市政工程與社會保障、福利兩項。

　　轄下士民對知府的評價，多取材自筆記小說，帶有強烈主觀性，其中一則較特別，來自宋理宗對馬光祖的直接觀感，與《宋史》和南宋筆記小說的記載形象大相逕庭。另一則，藉由趙與𥲅出手拯救得罪鄭清之的柴望、鄭起案件，反映趙與𥲅、鄭清之的人格特徵。

　　以上諸論證，得以確認臨安府首都特區、中央事務執行機構，知府需具備朝官以上資格，且要有綜合性的多項專長才得以勝任，人選均為身經百戰的練達人士；知府與朋黨、近習乃至皇帝關係密切，源自於改官制度構造出的人際網路，有制度上也有私人層面的因素；府管理組織大致如地方大藩府，差異之處在下轄單位接掌了將作監、軍器監的部分單位如修造司，以及為承辦外交事務，專門成立的國信司，為各種朝廷祭祀、典禮而成立的大禮局、排辦司，專受理朝廷公文的總轄。由於朝廷交辦事務多，對府的蠲免、對居民的恩惠也多；都市計畫，長期以來是歷任知府逐步改修，而由任期最久的知府趙與𥲅整合、籌建，奠定晚宋時期臨安城的規模。最後，藉由宋人筆記，生動描述對知府的直接看法，為本論文增添些許趣味性。

　　臨安府和知府制度在中國歷史上的地位是承先啟後的，北宋開封府繼承唐、五代國都制度，進一步將國都以法律定位為首都特區，但仍有內、外之分，避免權知開封府權力過大，知府的權限主要集中在治安、司法、民政方面，對朝政的參與有限，以參與詔獄審判為代表；臨安府繼承開封府治安、司法、民政上的職權，知府藉由兼任浙西安撫司，掌握了軍事權，又因南宋初期寺監省併，將作監、軍器監部分隸屬單位劃歸臨安府管轄，原屬鴻臚寺、太常寺的外交、祭祀排辦事務也轉歸府方，事權下移的結果，造成知府地位提昇，對國家事務的參與度大幅增加；臨安知府散官最低階為朝官，至少五日一上朝，對國政的參與則按照宋人政治制度規定，視知府的貼職、差遣而有增減，卿監從臣兼知臨安府的意義即是避免政策無法和事務執行同步。

　　南宋臨安府為元朝承襲的是總管府路制度，也就是知府兼安撫司，在元世祖征服江南後，逐步削減世侯等割據勢力權力，修訂制度，仿照南宋，以總管府路管理民政。〔註2〕

　　明朝初年定都應天府，初期應天府首長稱知府，另有同知、通判，職官制度宋、元混雜，後經更動，知府改稱府尹，為應天府長官，下有府丞、治中等屬官，府尹為正三品，地位高於一般州府，京府職官體制初見雛形；永樂遷都，形成兩京體制，以北京順天府為國都，職官體制仿南京應天府。順天府尹的地位有「位同九卿」、「位同六曹」之說，缺來自省布政使補任，府尹職權為京師治安、司法、財政、民政；與南宋臨安府不同之處在於，順天府、京畿權力分割為內、外，外由巡撫、巡按管理，與北宋開封府與開封府界情況較為類似。〔註3〕

　　清朝順天府制度大致仿照明朝，但清朝為少數民族建立的政權，順天府的權力更為分割，除順天府外，還有步軍統領衙門五城御史、直隸總督，導致容易權責不清，互相推諉；清朝順天府的職掌繼承自南宋臨安府最大之處，在於承辦中央事務這點，除傳統中國的科舉事務，也參與現代中國的洋務運動如修築鐵路；府尹地位上與列卿同等，且多帶中央兼職如寺卿、軍機處行走，與內閣、各部院堂官並稱「京堂」，這點也與南宋臨安知府情況類似。〔註4〕故賈玉英稱南宋臨安府京畿管理制度為承先啟後之舉，有其道理，故兩宋京府制度與首都特區制度是為現代直轄市舊制的起點。

〔註2〕張金銑，〈元代路總管府的建立及其制度〉，《中國史研究》，2001年第3期，頁143～152。
〔註3〕王洪兵，《清代順天府與京畿社會治理研究》，南開大學博士論文，2009年，頁31～35；同前著，〈明代順天府體制初探〉，《蘭臺世界》，2012年第15期，頁33～34。
〔註4〕王洪兵，《清代順天府與京畿社會治理研究》，南開大學博士論文，2009年，頁35～65。

徵引書目

壹、史料

1. 《重刊宋本十三經注疏附校勘記》，標校本，北京：中華書局，1980 年。

2. （唐）魏徵，《隋書》，標校本，北京：中華書局，1973 年。

3. （唐）韓愈著，馬其昶校注，《韓昌黎文集校注》，標校本，上海：上海古籍出版社，1986 年。

4. （後晉）劉昫，《舊唐書》，標校本，北京：中華書局，1975 年。

5. （宋）王溥，《唐會要》，標校本，北京：中華書局，1955 年。

6. （宋）王十朋，《王十朋全集》，標校本，上海，上海古籍出版社，1998 年。

7. （宋）王明清，《揮麈錄》，標校本，北京：中華書局，1964 年。

8. （宋）王禹偁，《小畜集》，收於《文淵閣四庫全書》，臺北：臺灣商務印書館，民國 72 年。

9. （宋）王得臣，《麈史》，收於《叢書集成續編》，臺北：新文豐出版公司，民國 78 年。

10. （宋）王象之，《輿地記勝》，上海：上海古籍出版社，1997 年。

11. （宋）王應麟，《玉海》，南京：江蘇古籍出版社，1987 年。

12. （宋）方大琮，《宋忠惠鐵庵方公文集》，收於《北京圖書館古籍珍本叢刊》，北京：書目文獻出版社，1988 年。

13. （宋）文天祥，《指南後錄》，收於《宋集珍本叢刊》，北京：線裝書局，2004 年。

14.（宋）不著撰人，《楓窗小牘》，收於《文淵閣四庫全書》，臺北：臺灣商務印書館，民國 72 年。

15.（宋）不著撰人，《吏部條法》，標校本，收於楊一凡等編，《中國珍稀法律典籍續編》，哈爾濱：黑龍江人民出版社，2002 年。

16.（宋）史能之，《咸淳毗陵志》，收於《宋元方志叢刊》，北京：中華書局，1990 年。

17.（宋）朱熹，《晦庵先生朱文公文集》，收於《四部叢刊初編》，臺北：臺灣商務印書館，民國 64 年。

18.（宋）佚名，《續編兩朝綱目備要》，標校本，北京：中華書局，1995 年。

19.（宋）李攸，《宋朝事實》，北京：中華書局，1985 年。

20.（宋）李綱，《李綱全集》，標校本，長沙：岳麓書社，2004 年。

21.（宋）李燾，《續資治通鑑長編》，標校本，北京：中華書局，1979 年。

22.（宋）李心傳，《道命錄》，收於《叢書集成新編》，臺北：新文豐出版公司，民國 74 年。

23.（宋）李心傳，《建炎以來朝野雜記》，標校本，北京：中華書局，2000 年。

24.（宋）李心傳，《建炎以來繫年要錄》，標校本，北京：中華書局，2013 年。

25.（宋）李彌遜，《筠谿集》，收於《文淵閣四庫全書》，臺北：臺灣商務印書館，民國 72 年。

26.（宋）吳泳，《鶴林集》，收於《文淵閣四庫全書》，臺北：臺灣商務印書館，民國 72 年。

27.（宋）吳自牧撰，關海娟校注，《夢粱錄新校注》，標校本，成都：巴蜀書社，2015 年。

28.（宋）岳珂，《桯史》，標校本，北京：中華書局，1981 年。

29.（宋）周輝，《清波雜誌校注》，標校本，北京：中華書局，1994 年。

30.（宋）周密，《齊東野語》，標校本，北京：中華書局，1983 年。

31.（宋）周密，《癸辛雜識》，標校本，北京：中華書局，1988 年。

32.（宋）周密，《武林舊事》，收於《宋元筆記小說大觀》，臺北：新興書局，民國 68 年。

33.（宋）周淙，《乾道臨安志》，收於《宋元方志叢刊》，北京：中華書局，1990 年。

34.（宋）周必大，《廬陵周益國文忠公集》，收於《宋集珍本叢刊》，北京：線裝書局，2004 年。

35.（宋）周麟之，《海陵集》，收於《文淵閣四庫全書》，臺北：臺灣商務印書館，民國 72 年。

36.（宋）孟元老撰，鄧之誠注，《東京夢華錄注》，香港：商務印書館，民國 50 年。

37.（宋）洪适，《盤洲文集》，收於《宋集珍本叢刊》，北京：線裝書局，2004 年。

38.（宋）洪邁，《容齋隨筆》，標校本，北京：中華書局，2005 年。

39.（宋）洪邁，《夷堅志》，標校本，北京：中華書局，1981 年。

40.（宋）施宿，《嘉泰會稽志》，收於《宋元方志叢刊》，北京：中華書局，1990 年。

41.（宋）胡銓，《胡澹庵先生文集》，臺北：漢華出版社，民國 59 年。

42.（宋）胡榘，《寶慶四明志》，收於《宋元方志叢刊》，北京：中華書局，1990 年。

43.（宋）俞文豹，《吹劍錄外集》，收於《宋元筆記小說大觀》，臺北：新興書局，民國 68 年。

44.（宋）柴望，《秋堂集》，收於《文淵閣四庫全書》，臺北：臺灣商務印書館，民國 72 年。

45.（宋）孫覿，《鴻慶居士文集》，收於《叢書集成續編》，臺北：新文豐出版公司，民國 78 年。

46.（宋）孫逢吉，《職官分紀》，北京：中華書局，1988 年。

47.（宋）袁燮，《絜齋集》，收於《叢書集成新編》，臺北：新文豐出版公司，民國 74 年。

48.（宋）袁說友，《東塘集》，收於《宋集珍本叢刊》，北京：線裝書局，2004 年。

49.（宋）唐仲友，《悅齋文鈔》，收於《續修四庫全書》，上海：上海古籍出版社，1995 年。

50.（宋）馬光祖，《景定建康志》，收於《宋元方志叢刊》，北京：中華書局，
1990 年。

51.（宋）馬廷鸞，《碧梧玩芳集》，收於《宋集珍本叢刊》，北京：線裝書局，
2004 年。

52.（宋）徐夢莘，《三朝北盟會編》，上海：上海古籍出版社，1987 年。

53.（宋）莊綽，《雞肋編》，北京：中華書局，1983 年。

54.（宋）張淏，《寶慶會稽續志》，臺北：成文出版社，民國 72 年。

55.（宋）張嵲，《紫微集》，收於《叢書集成續編》，臺北：新文豐出版公司，
民國 78 年。

56.（宋）陸游，《陸放翁全集》，北京：中國書店，1986 年。

57.（宋）陸游，《入蜀記》，收於《叢書集成新編》，臺北：新文豐出版公司，
民國 74 年。

58.（宋）章如愚，《群書考索》，收於《文淵閣四庫全書》，臺北：臺灣商務
印書館，民國 72 年。

59.（宋）梁克家，《淳熙三山志》，收於《宋元方志叢刊》，北京：中華書局，
1990 年。

60.（宋）陳傅良，《止齋先生文集》，收於《叢書集成續編》，臺北：新文豐
出版公司，民國 78 年。

61.（宋）程俱，《北山集》，收於《文淵閣四庫全書》，臺北：臺灣商務印書
館，民國 72 年。

62.（宋）黃𤩽，《嘉定赤城志》，收於《宋元方志叢刊》，北京：中華書局，
1990 年。

63.（宋）黃震，《黃氏日抄》，收於《文淵閣四庫全書》，臺北：臺灣商務印
書館，民國 72 年。

64.（宋）楊簡，《慈湖遺書》，收於《叢書集成續編》，臺北：新文豐出版公
司，民國 78 年。

65.（宋）楊萬里，《誠齋集》，收於《宋集珍本叢刊》，北京：線裝書局，2004
年。

66.（宋）葉適，《葉適集》，標校本，北京：中華書局，1961 年。

67.（宋）葉紹翁，《四朝聞見錄》，標校本，北京：中華書局，1989 年。

68.（宋）葉夢得，《石林燕語》，標校本，北京：中華書局，1984 年。

69.（宋）趙升，《朝野類要》，標校本，北京：中華書局，2007 年。

70.（宋）趙不悔，《淳熙新安志》，收於《宋元方志叢刊》，北京：中華書局，1990 年。

71.（宋）趙汝愚編，《宋朝諸臣奏議》，上海：上海古籍出版社，1999 年。

72.（宋）趙彥衛，《雲麓漫鈔》，標校本，北京：中華書局，1996 年。

73.（宋）趙與時，《賓退錄》，收於《叢書集成新編》，臺北：新文豐出版公司，民國 74 年。

74.（宋）趙與懃，《淳祐臨安志》，臺北：成文出版社，民國 72 年。

75.（宋）綦崇禮，《北海集》，收於《文淵閣四庫全書》，臺北：臺灣商務印書館，民國 72 年。

76.（宋）談鑰，《嘉泰吳興志》，收於《宋元方志叢刊》，北京：中華書局，1990 年。

77.（宋）樓鑰，《攻媿集》，收於《叢書集成新編》臺北：新文豐出版公司，民國 74 年。

78.（宋）鄭思肖，《鄭思肖集》，上海：上海古籍出版社，1991 年。

79.（宋）衛涇，《後樂集》，收於《文淵閣四庫全書》，臺北：臺灣商務印書館，民國 72 年。

80.（宋）潛說友，《咸淳臨安志》，臺北：成文出版社，民國 59 年。

81.（宋）蔡幼學，《育德堂外制》，收於《叢書集成續編》，臺北：新文豐出版公司，民國 78 年。

82.（宋）劉克莊，《後村先生大全集》，收於《宋集珍本叢刊》，北京：線裝書局，2004 年。

83.（宋）黎靖德編，《朱子語類》，北京：中華書局，1986 年。

84.（宋）樵川樵叟，《慶元黨禁》，收於《叢書集成新編》，臺北：新文豐出版公司，民國 74 年。

85.（宋）禮部、太常寺編，《中興禮書》，上海：上海古籍出版社，2002 年。

86.（宋）謝深甫，《慶元條法事類》，標校本，收於楊一凡等編，《中國珍稀法律典籍續編》，哈爾濱：黑龍江人民出版社，2002 年。

87.（宋）蘇軾，《蘇軾文集》，標校本，北京：中華書局，1986 年。

88. （元）方回，《桐江集》，收於《元代珍本文集彙刊》，臺北：國立中央圖書館，民國 59 年。

89. （元）佚名，王瑞來箋證，《宋季三朝政要箋證》，標校本，北京：中華書局，2010 年。

90. （元）佚名，《宋史全文續資治通鑑》，標校本，北京：中華書局，2016 年。

91. （元）夏文彥，《圖繪寶鑑》，收於《叢書集成續編》，臺北：新文豐出版公司，民國 78 年。

92. （元）袁桷，《延祐四明志》，收於《宋元方志叢刊》，北京：中華書局，1990 年。

93. （元）馬端臨，《文獻通考》，北京：中華書局，1986 年。

94. （元）脫因，《至順鎮江志》，收於《宋元方志叢刊》，北京：中華書局，1990 年。

95. （元）脫脫，《宋史》，標校本，北京：中華書局，1977 年。

96. （元）脫脫，《金史》，標校本，北京：中華書局，1975 年。

97. （元）陶宗儀，《說郛》，北京：中國書店，1986 年。

98. （元）馮福京，《大德昌國州圖志》，收於《宋元方志叢刊》，北京：中華書局，1990 年。

99. （元）劉壎，《隱居通議》，收於《叢書集成新編》，臺北：新文豐出版公司，民國 75 年。

100. （元）劉一清撰，王瑞來校箋考原，《錢塘遺事校箋考原》，標校本，北京：中華書局，2016 年。

101. （明）王圻，《明萬曆續文獻通考》，收於《元明史料叢編》，第 1 輯，臺北：文海出版社，民國 68 年。

102. （明）田汝成，《西湖遊覽志餘》，標校本，上海：上海古籍出版社，2018 年。

103. （明）宋濂，《元史》，標校本，北京：中華書局，1976 年 4 月。

104. （明）張昶，《吳中人物志》，收於《續修四庫全書》，上海：上海古籍出版社，1997 年。

105. （明）張時徹，《嘉靖寧波府志》，臺北：成文出版社，民國 72 年。

106. （明）程敏政編，《新安文獻志》，收於《文淵閣四庫全書》，臺北：臺灣商務印書館，民國 72 年。

107. （明）程敏政，《弘治休寧志》，收於《北京圖書館古籍珍本叢刊》，北京：書目文獻出版社，1988 年。

108. （明）黃淮、楊士奇編，《歷代名臣奏議》，上海：上海古籍出版社，1989 年。

109. （清）王梓材輯，《宋元學案補遺》，收於《叢書集成續編》，臺北：新文豐出版公司，民國 78 年。

110. （清）王崇炳，《金華徵獻略》，收於《續修四庫全書》，上海：上海古籍出版社，1997 年。

111. （清）李紱，《陸子學譜》，收於《續修四庫全書》，上海：上海古籍出版社，1997 年。

112. （清）吳廷燮，《南宋制撫年表》，標校本，北京：中華書局，1989 年。

113. （清）紀昀等撰，《歷代職官表》，上海：上海古籍出版社，1989 年。

114. （清）徐松輯，《宋會要輯稿》，標校本，上海：上海古籍出版社，2014 年。

115. （清）張大昌輯，《臨平記補遺》，收於《叢書集成續編》，臺北：新文豐出版公司，民國 78 年。

116. （清）陸心源，《宋史翼》，北京：中華書局，1991 年。

117. （清）黃宗羲、全祖望，《宋元學案》，標校本，北京：中華書局，1986 年。

118. （清）董誥，《全唐文》，北京：中華書局，1987 年。

119. （清）顧炎武，《歷代宅京記》，標校本，北京：中華書局，1984 年。

120. （清）顧祖禹《讀史方輿紀要》，標校本，北京：中華書局，2005 年。

121. 中華鄒氏族譜編纂委員會，《中華鄒氏族譜》，武漢：崇文書局，2006 年。

122. 包偉民、鄭嘉勵編，《武義南宋徐謂禮文書》，北京：中華書局，2012 年。

123. 吳洪澤等編，《宋人年譜叢刊》，成都：四川大學出版社，2003 年。

124. 李修生主編，《全元文》，南京：江蘇古籍出版社，1999 年。

125. 張傳保，《民國鄞縣通志》，收於《中國地方志集成・浙江府縣志輯》，上海：上海書店出版社，1993 年。

126. 閆建飛等點校，《宋代官箴書五種》，標校本，北京：中華書局，2019 年。

127. 曾棗莊、劉琳主編，《全宋文》，上海：上海辭書出版社，2006 年。

貳、一般論著

一、中文專書

1. （日）久保田和男著，郭萬平譯，《宋代開封研究》，上海：上海古籍出版社，2010 年。

2. 方健，《南宋農業史》，北京：人民出版社，2009 年。

3. 王明，《南宋宰相群體之研究》，新北市：花木蘭文化出版社，2014 年。

4. 王明，《南宋前期君主‧宰相與政局》，臺北：秀威資訊科技公司，2018 年。

5. 王金玉，《宋代檔案管理研究》，北京：中國檔案出版社，1997 年。

6. 王德毅，《宋代災荒的救濟政策》，臺北：中國學術著作獎助委員會，民國 59 年。

7. 包偉民，《宋代地方財政史研究》，北京：中國人民大學出版社，2011 年。

8. 包偉民，《宋代城市研究》，北京：中華書局，2014 年。

9. 皮慶生，《宋代民眾祠神信仰研究》，上海：上海古籍出版社，2008 年。

10. （日）平田茂樹著，林松濤等譯，《宋代政治結構研究》，上海：上海古籍出版社，2010 年。

11. 全漢昇，《唐宋帝國與運河》，上海：商務印書館，民國 35 年。

12. 朱瑞熙，《中國政治制度通史‧宋代》，北京：人民出版社，1996 年。

13. （日）寺地遵著，劉靜貞、李今芸譯，《南宋初期政治史研究》，臺北：稻禾出版社，民國 84 年。

14. 汪聖鐸，《兩宋財政史》，北京：中華書局，1995 年。

15. 汪聖鐸，《兩宋貨幣史》，北京：社會科學文獻出版社，2003 年。

16. 李曉，《宋朝政府購買制度研究》，上海：上海人民出版社，2007 年。

17. 李輝，《宋金交聘制度研究（1127～1234）》，上海：上海古籍出版社，2014 年。

18. 李天鳴，《宋元戰史》，臺北：食貨出版社，民國 77 年。

19. 李昌憲，《宋代安撫使考》，濟南：齊魯書社，1997 年。

20. 何兆泉，《兩宋宗室研究——以制度考察為中心》，上海：上海古籍出版社，2016 年。

21. 吳松弟，《北方移民與南宋社會變遷》，臺北：文津出版社，民國 82 年。

22. 吳曉萍，《宋代外交制度研究》，合肥：安徽人民出版社，2006 年。

23. 余英時，《朱熹的歷史世界》，北京：生活・讀書・新知三聯書店，2011 年。

24. 林正秋，《南宋都城臨安》，杭州：西泠印社，1986 年。

25. 周佳，《北宋中央日常政務運行研究》，北京：中華書局，2015 年。

26. 周寶珠，《宋代東京研究》，開封：河南大學出版社，1992 年。

27. （美）阿蘭・伊薩克（Alan Isaak）著，王逸舟譯，《政治學概論》，臺北：五南圖書出版公司，民國 82 年。

28. 苗書梅，《宋代官員選任和管理制度》，開封：河南大學出版社，1996 年。

29. 杭州市文物考古所編，《南宋臨安府治與府學遺址》，北京：文物出版社，2013 年。

30. 胡坤，《宋代薦舉改官研究》，上海：上海古籍出版社，2019 年。

31. 姜青青，《《咸淳臨安志》宋版「京城四圖」復原研究》，上海：上海古籍出版社，2015 年。

32. 姚建根，《宋朝制置使制度研究》，上海：上海書店出版社，2010 年。

33. 姚榮齡，《都市事務概論》，臺北：永新書局，民國 84 年。

34. （英）柯靈烏（R.G Collingwod）著，陳明福譯，《歷史的理念》，臺北：桂冠圖書公司，1992 年。

35. （日）高橋弘臣著，林松濤譯，《宋金元貨幣史研究——元朝貨幣政策之形成過程》，上海：上海古籍出版社，2010 年。

36. 徐吉軍，《南宋都城臨安》，杭州：杭州出版社，2008 年。

37. 張文，《宋朝社會救濟研究》，重慶：西南師範大學出版社，2001 年。

38. 張文，《宋朝民間慈善活動研究》，重慶：西南師範大學出版社 2005 年。

39. 張維玲，《從南宋中期反近習政爭看道學型士大夫對「恢復」態度的轉變（1163～1207）》，新北市：花木蘭文化出版社，2010 年。

40. 張榮芳，《唐代京兆尹研究》，臺北：臺灣學生書局，民國 76 年。

41. 張祥雲，《北宋西京河南府研究》，開封：河南大學出版社，2012 年。

42. 郭文佳，《宋代社會保障研究》，北京：新華出版社，2005 年。

43. 郭東旭，《宋代法制研究》，保定：河北大學出版社，2000 年。

44. 梅哲浩，《南宋宗室與包容政治》，新北市：花木蘭文化出版社，2017 年。

45. 程光裕、徐聖謨主編，《中國歷史地圖》，臺北：中國文化學院出版部，民國 69 年。

46. 黃純艷，《宋代財政史》，昆明：雲南大學出版社，2013 年。

47. 黃寬重，《政策・對策：宋代政治史探索》，臺北：聯經出版公司，2012 年。

48. （日）斯波義信著，何忠禮譯，《宋代江南經濟史研究》，南京：江蘇古籍出版社，2012 年。

49. （日）斯波義信著，布和譯，《中國都市史》，北京：北京大學出版社，2013 年。

50. 楊寬，《中國古代都城制度史研究》，上海：上海人民出版社，2003 年。

51. 楊若薇，《契丹王朝政治軍事制度研究》，北京：中國社會科學出版社，1991 年。

52. 楊宇勛，《取民與養民：南宋的財政收支與官民互動》，臺北：臺灣師範大學歷史學研究所，民國 92 年。

53. 楊樹藩，《中國文官制度史》，臺北：黎明文化事業公司，民國 71 年。

54. 楊樹藩，《宋代中央政治制度》，臺北：臺灣商務印書館，民國 76 年。

55. 賈玉英，《唐宋時期地方政治制度變遷史》，北京：人民出版社，2016 年。

56. （美）賈志揚（John W.Chaffee）著，趙冬梅譯，《天潢貴冑：宋代宗室史》，南京：江蘇人民出版社，2010 年。

57. 雷家聖，《宋代監當官體系之研究》，臺北：花木蘭文化出版社，2009 年。

58. 雷家聖，《聚斂謀國──南宋總領所研究》，臺北：萬卷樓圖書公司，2013 年。

59. 寧欣，《唐宋都城社會結構研究──對城市經濟與社會的關注》，北京：商務印書館，2009 年。

60. 鄧小南，《宋代文官選任制度諸層面》，石家莊：河北教育出版社，1993 年。

61. 鄭壽彭，《宋代開封府研究》，臺北：國立編譯館中華叢書編審委員會，民國 69 年。

62. 趙彥昌，《中國古代檔案管理制度研究》，北京：人民出版社，2011 年。

63. 劉瓊編著，《市政學》，臺北：華視文化事業股份有限公司附設中華出版社，民國 69 年。

64. 劉昭民，《中國歷史上之氣候變遷》，臺北：臺灣商務印書館，1994 年修訂版。

65. 劉祥光，《宋代日常生活中的卜算與鬼怪》，臺北：政治大學出版社，2013 年。

66. 劉靜貞，《北宋前期皇帝和他們的權力》，臺北：稻鄉出版社，民國 85 年。

67. 劉馨珺，《明鏡高懸──南宋縣衙的獄訟》，臺北：五南出版社，2005 年。

68. （美）蔡涵墨（Charles Hartman），《歷史的嚴妝：解讀道學陰影下的南宋史學》，北京：中華書局，2016 年。

69. 諸葛憶兵，《宋代宰輔制度研究》，北京：中國社會科學出版社，2000 年。

70. （美）韓森（Valerie Hansen）著，包偉民譯，《變遷之神》，上海：中西書局，2016 年。

71. 韓光輝，《宋遼金元建制城市研究》，北京：北京大學出版社，2011 年。

72. 韓桂華，《宋代官府工場及物料與工匠》，臺北：花木蘭文化出版社，2010 年。

73. 韓桂華，《宋代綱運研究》，新北市：花木蘭文化出版社，2013 年。

74. 錢穆，《中國歷代政治得失》，臺北：東大圖書公司，民國 77 年。

75. （法）謝和耐（Jacques Gernet）著，馬德程譯，《南宋社會生活史》，臺北：中國文化大學出版部，民國 71 年。

76. 闕維民，《杭州城池暨西湖歷史圖說》，杭州：浙江人民出版社，2000 年。

77. 羅家祥，《朋黨之爭與北宋政治》，武漢：華中師範大學出版社，2002 年。

78. 嚴耕望，《中國地方行政制度史・甲部──秦漢地方行政制度》，臺北：中央研究院歷史語言研究所，民國 79 年。

79. 顧宏義，《宋初政治研究：以皇位授受為中心》，上海：華東師範大學出版社，2010 年。

80. 龔延明，《宋代官制辭典》，北京：中華書局，1997 年。

二、學位論文
（一）博士論文

1. 于士偉，《宋代宰府僚吏研究》，華東師範大學博士論文，2016 年。

2. 王化雨,《宋朝君主的信息渠道研究》,北京大學博士論文,2008 年。

3. 王洪兵,《清代順天府與京畿社會治理研究》,南開大學博士論文,2009 年。

4. 余蔚,《宋代地方行政制度研究》,復旦大學博士論文,2003 年。

5. 宋燕鵬,《南宋士人與地方公益事業之研究》,河北大學博士論文,2010 年。

6. 康武剛,《論宋代基層勢力與基層社會控制》,華東師範大學博士論文,2009 年。

7. 張勁,《兩宋開封臨安皇城宮苑研究》,暨南大學博士論文,2004 年。

8. 喻學忠,《晚宋士風研究》,四川大學博士論文,2002 年。

9. 黃繁光,《宋代民戶的職役負擔》,中國文化大學史學研究所博士論文,民國 69 年。

10. 賈芳芳,《宋代地方政治》,河北大學博士論文,2009 年。

11. 楊建宏,《宋代禮制與基層社會控制研究》,四川大學博士論文,2006 年。

12. 萬靄雲,《宋代消防體系與文化》,中國文化大學史學研究所博士論文,民國 95 年。

13.（韓）鄭壹教,《南宋貨幣與戰爭》,河北大學博士論文,2012 年。

14. 蘇冠中,《宋朝藥政研究》,中國醫藥大學中國醫學研究所博士論文,2006 年。

（二）碩士論文

1. 尹承,《亂世的邏輯:五代皇位傳襲研究》,山東大學碩士論文,2010 年。

2. 古欣芸,《吳潛與南宋理宗朝政治》,東吳大學歷史學系碩士論文,民國 93 年。

3. 李樂,《北宋開封知府研究》,廣西師範大學碩士論文,2011 年。

4. 李興,《兩漢京兆尹研究》,西北大學碩士論文,2012 年。

5. 吳炯漢,《南宋建都臨安探究》,東吳大學歷史學系碩士論文,民國 104 年。

6. 何美峰,《南宋宦官預政研究》,上海師範大學碩士論文,2015 年。

7. 孟鑫,《南宋楮幣流通研究——對商、兵、吏等社會階層的紙幣使用考察》,河北師範大學碩士論文,2012 年。

8. 周國平,《宋代幕府研究》,河北大學碩士論文,2003 年。

9. 俞任飛,《南宋中央文官儲才制度研究》,山東大學碩士論文,2017 年。

10. 洪偉珠,《宋朝兒童收養》,中正大學歷史學研究所碩士論文,民國 101 年。

11. 唐政平,《北宋宦官預政若干問題探析》,廣西師範大學碩士論文,2010 年。

12. 孫婧婍,《宋代留守制度研究》,河南大學碩士論文,2016 年。

13. 郭志偉,《宋代公使庫研究》,河北大學碩士論文,2015 年。

14. 剛紹輝,《兩漢京兆尹研究》,陝西師範大學碩士論文,2012 年。

15. 陳夢,《東漢河南尹研究》,魯東大學碩士論文,2016 年。

16. 陳正庭,《賈似道與晚宋政局研究》,中興大學歷史學研究所碩士論文,民國 98 年。

17. 張恆,《從商業術語看宋代商業的發展》,雲南大學碩士論文,2010 年。

18. 張春梅,《北宋大名府及其知府研究》,河南大學碩士論文,2010 年。

19. 張慧茹,《南宋杭州水環境與城市發展互動關係研究》,陝西師範大學碩士論文,2007 年。

20. 梁偉基,《南宋高宗初年(1127~1142)財經官僚與權力結構的關係》,香港中文大學碩士論文,2000 年。

21. 黃子瑞,《宋代交易中的牙人——仲介的社會意義及其評價》,成功大學歷史研究所碩士論文,民國 101 年。

22. 黃俊文,《韓侂胄與南宋中期的政局變動》,臺灣師範大學歷史學研究所碩士論文,民國 64 年。

23. 黃敦為,《徘徊於營利與慈善之間——論惠民藥局的興起與沒落(1072~1644)》,政治大學歷史研究所碩士論文,民國 100 年。

24. 彭惠雯,《北宋幕職州縣官之研究》,臺灣師範大學歷史學研究所碩士論文,民國 95 年。

25. 鄒克茹,《宋代社會保障研究》,東北師範大學碩士論文,2014 年。

26. 賈正昌,《宋代公用錢制度研究》,山東大學碩士論文,2013 年。

27. 楊竹旺,《南宋都城臨安府行政管理制度研究》,浙江大學碩士論文,2014 年。

28. 葉曉鷹，《南宋楮幣研究》，南昌大學碩士論文，2005 年。

29. 趙晨，《宋代內侍制度若干問題研究》，河北大學碩士論文，2015 年

30. 趙嗣胤，《南宋臨安研究——禮法視野下的古代都城》，復旦大學碩士論文，2011 年。

31. 衛麗，《魏晉北朝河南尹研究》，山東大學碩士論文，2006 年。

32. 潘春燕，《宋代消防制度研究》，廣西師範大學碩士論文，2008 年。

33. 劉學健，《宋代專門檔案管理研究》，鄭州大學碩士論文，2006 年。

34. 鍾佳玲，《宋代城市治安的管理與維護》，中國文化大學史學研究所碩士論文，民國 90 年。

三、期刊與論文集論文

1. 于光度，〈臨安及中都的城市管理體制〉，《大同高等專科學校學報·綜合版》，1995 年第 4 期，頁 8、39～46。

2. 王申，〈從便錢到紙幣：論紹興時期見錢關子至東南會子的演進過程〉，《中國社會經濟史研究》，2019 年第 3 期，頁 11～19。

3. 王申，〈論南宋前期東南會子的性質與流通狀況〉，《清華大學學報·哲學社會科學版》，2019 年第 3 期，頁 106～195。

4. 王申，〈論小面額東南會子對南宋貨幣流通的影響〉，《浙江學刊》，2020 年第 5 期，頁 231～238。

5. 王化雨，〈南宋宮廷的建築佈局與君臣奏對：以選德殿為中心〉，《史林》，2014 年第 4 期，頁 64～74。

6. 王育濟，〈「金匱之盟」真偽考——對一樁學術定案的重新甄別〉，《山東大學學報·哲學社會科學版》，1993 年第 1 期，頁 68～87。

7. 王育濟、陳曉瑩，〈宋太祖與他的家人〉，《濟南大學學報·社會科學版》，28 卷第 3 期，2018 年，頁 116～117。

8. 王洪兵，〈明代順天府體制初探〉，《蘭臺世界》，2012 年第 15 期，頁 33～34。

9. 王海明，〈五代錢氏捍海塘發掘簡報〉，《文物》，1985 年第 4 期，頁 85～89。

10. 王明蓀，〈兵險德固——論北宋之建都〉，《中國中古史研究》，2007 年第 7 期，頁 153～177。

11. 王青松,〈南宋中央軍事領導體制簡論——以兩府之間關係變化與運作體制為探討中心〉,收於《宋史研究論叢》,第 15 輯,保定:河北大學出版社,2014 年,頁 203～224。

12. 王瑞來,〈從近世走向近代——宋元變革論述要〉,《史學集刊》,2015 年第 4 期,頁 70～83。

13. 王雲裳,〈宋代軍隊經營活動的作用與影響〉,《浙江社會科學》,2012 年第 8 期,頁 131～160。

14. 文暢平,〈宋代「冗官」現象的形成及其影響〉,《衡陽師專學報·社會科學版》,第 20 卷第 2 期,1999 年,頁 62～64。

15. 孔學,〈宋代專門編敕機構——詳定編敕所述論〉,《河南大學學報·社會科學版》,47 卷第 1 期,2007 年,頁 15～20。

16. 毛漢光,〈中國中古核心區核心集團之轉移——陳寅恪先生「關隴」理論之拓展〉,收於氏著《中國中古政治史論》,上海:上海書店出版社,2002 年,頁 1～28。

17. 方震華,〈轉機的錯失——南宋理宗即位與政局的紛擾〉,《臺大歷史學報》53 期,2014 年,頁 1～35。

18. (日)內藤湖南,〈概括的唐宋時代觀〉,《日本學者研究中國史論著選譯》,北京:中華書局,1993 年,冊 1,頁 10～18。

19. 包偉民,〈宋代的糧食貿易〉,收於氏著《傳統國家與社會(960～1279年)》,北京:商務印書館,2009 年,頁 4～13。

20. 包偉民,〈試論宋代紙幣的性質及其歷史地位〉,收入氏著《傳統國家與社會(960～1279 年)》,北京:商務印書館,2009 年,頁 51～72。

21. 包偉民,〈唐宋城市研究學術史批判〉,《人文雜誌》,2013 年第 1 期,頁 78～96。

22. 田志光、苗書梅,〈南宋相權擴張若干路徑論略〉,《北方論叢》,2012 年第 3 期,頁 80～81。

23. (日)加藤繁著,吳杰譯,〈宋代都市的發展〉,收入《中國經濟史考證》第 1 冊,北京:商務印書館,1959 年,頁 239～277。

24. 朱溢,〈陳寅恪中國中古理論體系的建立〉,《清華大學學報》,2009 年第 2 期,頁 31～38。

25. 朱溢,〈北宋外交機構的形成與演變——以官僚體制和周邊局勢的變動為線索〉,《史學月刊》,2013 年第 3 期,頁 33~42。

26. 朱溢,〈南宋三省與臨安的城市空間〉,《復旦學報·社會科學版》,2017 年第 3 期,頁 17~27。

27. 朱溢,〈南宋臨安城內寺監安置探析〉,《浙江大學學報·人文社會科學版》,47 卷第 5 期,2017 年,頁 140~153。

28. 朱瑞熙,〈宋朝「敕命」的書行和書讀〉,《中華文史論叢》,第 89 輯,上海:上海古籍出版社,2008 年,頁 101~122。

29. 宋晞,〈宋代的宗學〉,收於《宋史研究集》,第 9 輯,臺北:中華叢書編審委員會,民國 66 年,頁 393~416。

30. 余蔚,〈完整制與分離制:宋代地方行政權力的轉移〉,《歷史研究》,2005 年第 4 期,頁 118~130。

31. 余蔚,〈論南宋宣撫使和制置使制度〉,《中華文史論叢》,第 85 輯,上海:上海古籍出版社,2007 年,頁 173~179。

32. 余蔚、祝碧衡,〈中國大城市郊區基層政區的早期發展——以宋代首都的郊區建置為中心〉,《中國城市研究》,1 卷第 1 期,2006 年,頁 26~29。

33. 李康,〈略論宋代通判職能及其演變〉,《鄭州航空工業管理學院學報·社會科學版》,34 卷第 4 期,2015 年,頁 68~72。

34. 李埏、林文勛,〈論南宋東南會子的起源〉,《思想戰線》,1994 年第 1 期,頁 55~61。

35. 李之亮,〈北宋開封府界提點官考〉,《華北水電水利學院學報·社科版》,18 卷第 1 期,2002 年,頁 59~61。

36. 李華瑞,〈文天祥與南宋末年宰執之關係考〉,《宋代史文化研究》,第 17 輯,成都:四川大學出版社,2009 年,頁 397~419。

37. 李華瑞,〈「唐宋變革」論的由來與發展(上)、(下)〉,《河北學刊》,30 卷第 4 期、第 5 期,2010 年,頁 57~65、67~77。

38. 李昌憲,〈略論宋代知州制的形成及其歷史意義〉,《南京大學學報·哲學·人文·社會科學版》,1996 年第 4 期,頁 73~76。

39. 杜正賢,〈杭州南宋臨安府衙署遺址〉,《文物》,2002 年第 10 期,頁 32~46。

40. 何毅群,〈東晉南朝丹陽尹述論〉,《南京曉莊學院學報》,2008 年第 1 期, 頁 41～46。

41. 吳業國,〈南宋國用司與中央財政〉,《河北大學學報·哲學社會科學版》, 2009 年第 2 期,頁 21～24。

42. 吳曉萍,〈兩宋京府的外交職能〉,《安徽師範大學學報·人文社會科學版》,38 卷第 1 期,2011 年,頁 35～38。

43. 林天蔚,〈宋代公使庫、公使錢與公用錢間的關係〉,《中央研究院歷史語言研究所集刊》,45 本第 1 分冊,1973 年,頁 129～155。

44. (日)平田茂樹,〈由書儀所見宋代的政治構造〉,收於鄧小南等主編《文書·政令·信息溝通:以唐宋時期為主》上冊,北京:北京大學出版社, 2012 年,頁 183～207。

45. 邱添生,〈論「唐宋變革期」的歷史意義——以政治、社會、經濟之演變為中心〉,《國立台灣師範大學歷史學報》第 7 期,民國 68 年,頁 1～ 29。

46. 胡坤,〈南宋基層文官的初仕履歷——以《武義南宋徐謂禮文書》為中心〉,《史學月刊》,2014 年第 11 期,頁 29～37。

47. 柳立言,〈南宋政治初探——高宗陰影下的孝宗〉,收於《宋史研究集》, 第 19 輯,臺北:國立編譯館,民國 78 年,頁 203～256。

48. 柳立言,〈何謂「唐宋變革」?〉,《中華文史論叢》,第 81 輯,上海:上海古籍出版社,2006 年,頁 125～171。

49. 姚永輝,〈城市史視野下的南宋臨安研究(1920～2013)〉,《史林》,2014 年第 5 期,頁 169～178。

50. 洪銘聰,〈唐、宋家廟制度研究回顧與展望(1988～2009)〉,《新北大史學》第 9 期,2011 年,頁 22～25。

51. 洪銘聰,〈南宋皇后家廟制的發展〉,《臺灣師大歷史學報》50 期,2013 年,頁 69～78。

52. 侯家駒,〈南宋會子制度之紊亂〉,《中華文化復興月刊》,20 卷 12 期, 民國 76 年,頁 53～59。

53. 苗書梅,〈宋代通判及其主要職能〉,《河北學刊》,1990 年第 2 期,頁 83 ～89。

54. 苗書梅,〈論宋代的權攝官〉,《河南大學學報‧社會科學版》,35 卷第 3 期,1995 年,頁 14～20、106。

55. 苗書梅,〈宋代知州及其職能〉,《史學月刊》,1998 年第 6 期,頁 43～47。

56. 苗書梅,〈宋代地方制度史研究評述〉,收入包偉民主編《宋代制度史研究百年(1900～2000)》,北京:商務印書館,2004 年,頁 133～164。

57. 苗書梅,〈朝見與朝辭──宋朝知州與皇帝直接交流的方初探〉,《首都師範大學學報‧社會科學版》,2007 年第 5 期,頁 112～119。

58. 郜迪,〈中國古代祈雨習俗及祈雨文學研究綜述〉,《上饒師範學院學報》,34 卷第 2 期,2014 年,頁 38～46。

59. 夏令偉,〈論史浩的兩次拜相及其原因──史氏相權與趙氏宮廷的關係研究之一〉,《浙江海洋學院學報‧人文科學版》,27 卷第 1 期,2010 年,頁 40～45。

60. 夏令偉,〈史浩拜相模式的傳承與其子史彌遠的獨相──史氏相權與趙氏宮廷的關係研究之二〉,《西華大學學報‧哲學社會科學版》,29 卷第 4 期,2010 年,頁 7～10。

61. 夏延章,〈文天祥年譜〉,《吉安師專學報‧哲學社會科學版》,16 卷第 1 期,1995 年,頁 23～36。

62. 梁天錫,〈論宋宰輔互兼制度〉,收於《宋史研究集》,第 4 輯,臺北:國立編譯館,民國 58 年,頁 275～308。

63. 梁啟超,〈中國都市小史〉,《晨報》七週紀念增刊,民國 15 年 10 月。

64. 梁庚堯,〈南宋城市的發展〉,收於《宋代社會經濟史論集》上冊,臺北:允晨文化實業公司,民國 86 年,頁 481～590。

65. 梁庚堯,〈南宋的社倉〉,收於《宋代社會經濟史論集》下冊,臺北:允晨文化實業公司,民國 86 年,頁 427～473。

66. 梁庚堯,〈宋代太湖平原農業生產問題的再檢討〉,《臺大文史哲學報》54 期,2001 年,頁 261～304。

67. 梁庚堯,〈宋代牙人與商業糾紛〉,《燕京學報》新 14 期,2003 年,頁 41～70。

68. 梁庚堯,〈從坊市到村鎮:唐宋牙人活動空間的擴大〉,收於黃寬重主編,

《基調與變奏：七至二十世紀的中國》，第 2 冊，臺北：政治大學歷史學系，2008 年，頁 69～104。

69. 梁偉基，〈南宋政權之建立與財經官僚：高宗初年的知臨安府（1127～1142）〉，《中國文化研究所學報》41 期，2001 年，頁 33～62。

70. 梁偉基，〈宋高宗時期三衙的重建與發展〉，《中國文化研究所學報》49 期，2009 年，頁 333～361。

71. 梁偉基，〈從山東寒士到中興名宰：南宋呂頤浩的早年經歷與性格分析〉，《中國文化研究所學報》61 期，2015 年，頁 101～130。

72. 唐俊杰、郎旭峰，〈杭州發現國內最早海塘遺址──五代吳越捍海塘〉，《中國文物報》，2015 年 2 月 13 日第 8 版，頁 1～2。

73. （日）高橋弘臣，〈南宋臨安的飢饉及其對策〉，收於《第三屆中國南宋史國際學術研討會論文集》，杭州：浙江大學出版社，2017 年，頁 195～204。

74. 梅哲浩，〈趙與𥲅與臨安府〉，《華岡史學》第 6 期，2019 年，頁 31～76。

75. 陳易、韓冰焱，〈南宋皇城遺址研究〉，《杭州文博》，2017 年第 2 期，頁 72～87。

76. 陳保銀，〈論宋代商業票據與紙幣之性質及功能〉，《成功大學歷史學報》第 25 號，1999 年，頁 143～171。

77. 陳國燦，〈南宋江南城市的公共事業與社會保障〉，《學術月刊》，2002 年第 6 期，頁 73～78。

78. 陳智超，〈1258 年前後宋、蒙、陳三朝間的關係〉，收入氏著《宋史十二講》，北京：清華大學出版社，2010 年，頁 9～47。

79. 陳穎瑩，〈宋代張王信仰中的祭祀活動與儀式〉，《中正歷史學刊》14 期，民國 100 年，頁 161～191。

80. 張文，〈論兩宋社會保障體系的演變脈絡〉，《蘇州大學學報·哲學社會科學版》，2015 年第 2 期，頁 172～177。

81. 張邦煒，〈論宋代的皇權和相權〉，《四川師範大學學報·社會科學版》，21 卷第 2 期，1994 年，頁 60～68。

82. 張金銑，〈元代路總管府的建立及其制度〉，《中國史研究》，2001 年第 3 期，頁 143～152。

83. 張廣達，〈內藤湖南的唐宋變革說及其影響〉，《唐研究》11 卷，2005 年，頁 5～71。

84. 張會超，〈架閣庫問題探究〉，《遼寧大學學報·哲學社會科學版》，38 卷第 5 期，2005 年，頁 121～127。

85. 張鶴泉，〈東漢時期的河南尹〉，《秦漢研究》，第 2 輯，西安：三秦出版社，2007 年，頁 58～64。

86. 曹家齊，〈南宋「三省合一」體制下尚書省「批狀」之行用〉，《學術研究》，2020 年第 11 期，頁 110～118。

87. 曾小華，〈略論宋朝磨勘制度的特點〉，《浙江學刊》，1990 年第 2 期，頁 116～118。

88. 曾小華，〈論宋代的資格法——兼論中國古代任官資格制度〉，《歷史研究》，1992 年第 6 期，頁 39～53。

89. 曾祥波，〈南宋初年的建都之議及其影響〉，收於《國學學刊》，2014 年第 1 期，頁 62～72。

90. 程民生，〈論士大夫政治對皇權的限制〉，《河南大學學報·社會科學版》，39 卷第 3 期，1999 年，頁 56～64。

91. （德）傅海波（Herbert Franke），〈賈似道（1213～1275）：一個邪惡的亡國丞相？〉，收於《中國歷史人物論集》，臺北：正中書局，1973 年，頁 298～324。

92. 黃光輝，〈從遷轉角度看宋代六部尚書的次序問題〉，《煙台大學學報·哲學社會科學版》33 卷第 2 期，2020 年，頁 93～102。

93. 黃純艷，〈論宋代的公用錢〉，《雲南社會科學》，2002 年第 4 期，頁 76～81。

94. 黃寬重，〈賈涉事功述評——以南宋中期淮東防務為中心〉，收於氏著《史事、文獻與人物——宋史研究論文集》，臺北：東大圖書公司，2003 年，頁 27～52。

95. 黃寬重，〈宋代基層社會的權力結構與運作——以縣為主的考察〉，收於《中國史新論·基層社會卷》，臺北：聯經出版事業公司，2007 年，頁 273～325。

96. 黃繁光，〈試探宋金和戰與高宗心態的轉折〉，收於《宋史研究論文集》，

武漢：湖北人民出版社，2011 年，頁 256～257。

97. 楊芹，〈抑揚之間風波起：論宋代制誥文書與政治〉，《學術研究》，2014 年第 12 期，頁 97～104。

98. 楊宇勛，〈宋理宗與近習：兼談公論對近習的態度〉，《中山大學學報・社會科學版》，2014 年第 6 期，頁 65～81。

99. 楊貞莉，〈近二十五年來宋代城市史研究回顧（1980～2005）〉，《臺灣師大歷史學報》31 期，2006 年，頁 221～250。

100. 鄒潔琳、喬迅翔，〈《咸淳臨安志》「府治總圖」建築平面佈局復原研究〉，《中國建築史論匯刊》，第 9 輯，北京：清華大學出版社，2011 年，頁 312～321。

101. 賈玉英、趙文東，〈北宋開封府管理制度研究〉，《史學月刊》，2006 年第 6 期，頁 128～134。

102. 賈玉英，〈宋代京畿制度變遷論略〉，《宋史研究論叢》，第 9 輯，保定：河北大學宋史研究中心出版，2008 年，頁 108～122。

103. 鄧小南，〈北宋文官考課制度考述〉，《社會科學戰線》，1986 年第 3 期，頁 189～191

104. 鄧小南，〈試論宋代資序體制的形成及其運作〉，收於氏著《朗潤學史叢稿》，北京：中華書局，2010 年，頁 134～152。

105. 鄧小南，〈走向「活」的制度史：以宋代官僚政治制度史研究為例的點滴思考〉，收入氏著《朗潤學史叢稿》，北京：中華書局，2010 年，頁 497～505。

106. 齊覺生，〈北宋縣令制度之研究〉，《國立政治大學學報》18 期，民國 57 年，頁 274～314。

107. 齊覺生，〈南宋縣令制度之研究〉，《國立政治大學學報》19 期，民國 58 年，頁 309～370。

108. 劉森，〈宋代會子的起源及其演變為紙幣的過程〉，《中州學刊》，1993 年第 3 期，頁 120～122。

109. 劉龍，〈再論北宋開封府官長群體——由《開封府題名記》談起〉，《平頂山學院學報》，30 卷第 6 期，頁 42～47。

110. 劉子健，〈背海立國與半壁山河的長期穩定〉，收於氏著《兩宋史研究彙

編》，臺北：聯經出版事業公司，民國 76 年，頁 21～40。

111. 劉子健，〈包容政治的特點〉，收於氏著《兩宋史研究彙編》，臺北：聯經出版事業公司，民國 76 年，頁 41～77。

112. 劉子健，〈宋太宗與宋初兩次簒位〉，《食貨月刊》，17 卷 3、4 期合刊，民國 77 年，頁 93～97。

113. 劉子健，〈以財持國的宋代〉，《歷史月刊》32 期，民國 79 年，頁 128～132。

114. 劉雅萍，〈宋代家廟制度考略〉，《蘭州大學學報‧社會科學版》，37 卷第 1 期，2009 年，頁 62～68。

115. 蔣復璁，〈宋代一個國策的檢討〉，收於氏著《宋史新探》，臺北：正中書局，民國 55 年，頁 15～70。

116. 蔣復璁，〈宋太宗晉邸幕府考〉，收於氏著《宋史新探》，臺北：正中書局，民國 55 年，頁 73～99。

117. 趙岡，〈從宏觀角度看中國的城市史〉，《歷史研究》，1993 年第 1 期，頁 3～16。

118. 趙晶，〈試論宋代法律體系的多元結構——以宋令為例〉，《史林》，2014 年第 4 期，頁 56～58。

119. 趙英華，〈略論宋代皇儲的教育與培養〉，《蘭州學刊》，2007 年第 7 期，頁 182～185。

120. 趙葆寓，〈宋朝的「和買」轉變為賦稅的歷史過程〉，《社會科學戰線》，1982 年第 2 期，頁 131～136。

121. 趙冬梅，〈試論宋代的閤門官員〉，《中國史研究》，2004 年第 4 期，頁 107～121。

122. 趙鐵寒，〈宋代「強幹弱枝」國策的管見〉，收於《宋史研究集》，第 1 輯，臺北：國立編譯館中華叢書編審委員會，民國 47 年，頁 450～453。

123. 蔡永源，〈宋代「會子」的產生及其流弊〉，《中興史學》第 4 期，民國 64 年，頁 25～28。

124. （韓）鄭壹教，〈端平入洛對會子的影響〉，收於《宋史研究論叢》，第 15 輯，保定，河北大學出版社，2014 年，頁 175～188。

125. （韓）鄭壹教，〈南宋戰爭對貨幣依賴性的表現與結果〉，收於《宋史研究

論叢》，第 23 輯，頁 101～113。

126. 韓桂華，〈宋代發祥地：南京應天府研究——以建制為中心〉，《史學彙刊》34 期，民國 104 年，頁 47～62。

127. 韓桂華，〈宋代南京應天府的職官體系〉，《史學彙刊》35 期，民國 105 年，頁 137～152。

128. 韓冠群，〈御殿聽政：南宋前期中樞日常政務的重建與運作〉，《歷史教學》，2019 年第 2 期，頁 44～51。

129.（德）謝康倫（Conrad M.Schirokauer），〈朱熹的政治生涯：一項內心衝突〉，收於中央研究院中美人文社會科學合作委員會編譯，《中國歷史人物論集》，臺北：中山學術文化基金董事會，民國 62 年，頁 219～255。

130. 聶崇岐，〈宋役法述〉，《燕京學報》33 期，1947 年，頁 195～270。

131. 聶崇岐，〈宋代府州軍監之分析〉，收入《宋史叢考》，北京：中華書局，1980 年，頁 70～126。

132. 龔延明，〈南宋行在所臨安府研究〉，《中原文化研究》，2018 年第 3 期，頁 59～72。

四、外文資料

（一）外文專書

1.（日）伊原弘，《中国中世都市紀行——宋代の都市と都市生活》，東京：中央公論社，1988 年。

2.（日）西岡弘晃，《中国近世の都市と水利》，福岡：中国書店，2004 年。

3.（日）梅原郁，《宋代官僚制度研究》，京都：同朋舎，昭和 60 年。

4.（日）藤本猛，《風流天子と「君主独裁制」——北宋徽宗朝政治史の研究》，京都：京都大學學術出版會，2014 年。

（二）外文期刊及論文集論文

1.（日）小林晃，〈南宋寧宗朝における史彌遠政権の成立とその意義〉，《東洋學報》，91 卷第 1 号，2009 年，頁 35～64。

2.（日）小林晃，〈南宋理宗朝前期における二つの政治抗争——『四明文献』から見た理宗親政の成立過程〉，《史學》，79 卷第 4 期，2010 年，頁 31～60。

3.（日）小二田章，〈『咸淳臨安志』の位置——南宋末期杭州の地方志編

纂〉，《中国——社会と文化》28 卷，2013 年，頁 118～138。

4. （日）川上恭司，〈南宋の総領所について〉，《待兼山論叢・史学篇》12
    号，1978 年，頁 6～16。

5. （日）寺地遵，〈南宋中期政治史の試み（公開演講）〉，《日本歴史学協会
    年報》18 号，2003 年，頁 1～13。

6. （日）伊原弘，〈批評・紹介：梅原郁編《中國近世の都市と文化》〉，《東
    洋史研究》43 期，1985 年，頁 727～734。

7. （日）佐藤武敏，〈唐宋時代都市における飲料水の問題——杭州を中心
    に〉，《中國水利史研究》7 号，1975 年，頁 9～10。

8. 唐俊傑，〈南宋臨安城の制度と特徴〉，《平泉文化研究センター年報》4
    号，2016 年，頁 79～89。

9. （日）島居一康，〈南宋の上供米と両税米〉，《東洋史研究》，51 卷 4 号，
    1993 年，頁 568～599。

10. （日）宮崎市定，〈宋代官制序說——宋史職官志をいかに読むべきか〉，
    收於（日）佐伯富編，《宋史職官志索引》，京都：同朋舍，1974 年，頁
    1～57。

11. （日）高橋弘臣，〈南宋臨安の下層民と都市行政〉，《愛媛大学法文学部
    論集人文学科編》21 号，2006 年，頁 119～150。

12. （日）高橋弘臣，〈南宋の国都臨安の建設〉，《宋代史研究会研究報告：
    宋代の長江流域——社会経済史の視点から》，第 8 集，東京：汲古書
    院，2006 年，頁 173～209。

13. （日）高橋弘臣，〈南宋臨安城外における人口の増大と都市領域の拡
    大〉，《愛媛大學法文學部論集・人文學科編》23 号，2007 年，頁 113
    ～146。

14. （日）高橋弘臣，〈南宋臨安の三衙〉，《愛媛大学法文学部・人文学科編》
    26 号，2009 年，頁 57～87。

15. （日）高橋弘臣，〈南宋臨安と東南会子〉，《愛媛大学法文学部論集・人
    文学科編》31 号，2011 年，頁 33～67。

16. （日）高橋弘臣，〈南宋臨安における空間形態とその変遷〉，《愛媛大学
    法文学部論集・人文学科編》33 号，2012 年，頁 33～67。

17. （日）高橋弘臣，〈南宋臨安の倉庫〉，《愛媛大学法文学部論集・人文学科編》35 号，2013 年，頁 57～92。

18. （日）高橋弘臣，〈南宋臨安への上供米制度の成立〉，《愛媛大学法文学部・人文学科編》40 号，2016 年，頁 37～67。

19. （日）高橋弘臣，〈『咸淳臨安志』所載の財政関連史料について〉，《資料学の方法を探る》16 号，2017 年，頁 96～103。

20. （日）高橋弘臣，〈南宋の上供米制度運用の実態と臨安における米不足について〉，《愛媛大学法文学部・人文学科編》42 号，2017 年，頁 13～36。

21. （日）高橋弘臣，〈南宋臨安における宮城の建設・整備と史料〉，《資料学の方法を探る》18 号，2019 年，頁 76～84。

22. （日）高橋弘臣，〈南宋臨安における宮城の建設〉，《愛媛大学法文学部論集・人文学科編》48 号，2020 年，頁 33～54。

23. （日）梅原郁，〈南宋の臨安〉，收於氏編《中国近世の都市と文化》，京都：同朋社，昭和 59 年，頁 1～33。

24. （日）梅原郁，〈宋代の内藏と左藏──君主獨裁制の財庫〉，《東方學報》42 卷，1971 年，頁 127～175。

25. （日）渡邊久，〈北宋の經略安撫使〉，《東洋史研究》，57 卷第 4 号，1999 年，頁 655～689。

26. （日）斯波義信，〈南宋における「中間領域」社会の登場〉，收於（日）近藤一成等編，《宋元時代史の基本問題》（東京：汲古書院，1997 年），頁 185～204。

參、網路資料

1. 江南桓進，〈再考西湖古代的下湖（一）〉，http://blog.sina.com.cn/s/blog_5d53b49e0100d8da.html

2. 高生元編，〈宋許國公吳潛年譜（上、下）〉，《宣城歷史文化研究》第 543、544 期，https://www.sohu.com/a/328910597_99949262?spm=smpc.author.fd-d-350941.3.1586247303534DNVTJJM、https://www.sohu.com/a/328915441_99949262?spm=smpc.author.fd-d-350941.1.1586247303534DNVTJJM

卷末附表

附表 1：南宋臨安知府年表

編號	皇帝	年號	知府	任次	任　期	離任原因	任命制書	辭免表	不允詔	註　記
1	宋高宗	建炎	康允之	1	約 6 個月	棄城遁保赭山。				浙西制置使。三年八月己酉，浙西安撫司移鎮江。註1
2			季陵	1	約 3 個月	為中書舍人。	✔			註2
3			胡舜陟	1	約 3 個月	丁憂。				註3
4			李光	1	約 5 個月	徙知洪州。				註4
5		紹興	孫覿	1	約 10 個月	提舉江州太平觀。		✔		註5
6			徐康國	1	21 日	待席益到任交割。	✔			註6
7			席益	1	約 3 個月	徙知衢州。				註7
8			宋輝	1	約 12 個月	除宮祠。				註8
9			盧知原	1	約 7 個月	提舉江州太平觀。				註9
10			梁汝嘉	1	約 3 年 2 個月	除戶部侍郎（巡幸隨駕都轉運使）。				浙西安撫司移回臨安，由知府兼任。註10

11			汪思溫	1	約 20 日	免兼。			註 11
12			李譓	1	約 6 個月	移鎮江府。			註 12
13			呂頤浩	1	約 2 個月	移知鎮江府。			註 13
14			張澄	1	約 2 年 5 個月	除戶部侍郎。	✓		註 14
15			蔣璨	1	約 3 個月	復為浙漕副。			註 15
16			張匯	1	27 日	復為浙漕副。			註 16
17			俞俟	1	約 2 年	提舉江州太平觀。		✓	註 17
18			王映	1	10 個月	除工部侍郎。	✓		註 18
19			張叔獻	1	約 1 年 4 個月	改知紹興府。			註 19
20			張澄	2	約 11 個月	改知溫州。			註 20
21			沈該	1	約 1 年	除權禮部侍郎。			註 21
22			趙不棄	1	11 個月	除工部侍郎。	✓		註 22
23			湯鵬舉	1	1 年 2 個月	除司農卿。			註 23
24			宋昵	1	1 年 9 個月	罷任。			註 24
25			趙士㣧	1	1 年 6 個月	改知紹興府。			註 25
26			曹泳	1	1 年 1 個月	勒停,新州安置。			註 26
27			韓仲通	1	11 個月	改知廣州。			註 27
28			榮薿	1	10 個月	除權戶部侍郎。			註 28
29			張俌（秀安）	1	3 年	改知明州。	✓		註 29
30			趙子潚	1	9 個月	除戶部侍郎。			註 30
31			錢端禮	1	5 個月	除戶部侍郎。			註 31
32			黃仁榮	1	2 個月	丁母憂。			註 32
33			錢端禮	2	5 個月	免兼。			註 33
34			趙子潚	2	3 年	免兼。			註 34
	宋孝宗	隆興							
35			林安宅	1	5 個月	差主管台州崇道觀。			註 35
36			陳輝	1	11 個月	改知湖州。			註 36

37		黃仁榮	2	8個月	放罷,坐盜賊累限不獲故也。			註37
38		吳芾	1	9日	復為吏部侍郎。	✓	✓	註38
39		薛良朋	1	6個月	除權工部侍郎。	✓		註39
40	乾道	王炎	1	1年	改知荊南府。			註40
41		周淙	1	約3年2個月	升工部侍郎。			註41
42		姚憲	1	10個月	除司農少卿提領戶部犒賞酒庫。			註42
43		胡昉	1	2個月	致仕。			註43
44		韓彥古	1	3個月	改除右司郎中。			註44
45		莫濛	1	2個月	以皇太子領尹,罷權。			乾道七年冬十月己酉,假工部尚書賀金正旦,註45
46		皇太子領尹,晁公武領少尹	1	3個月	罷任。			註46
47		沈复	1	6個月	除權戶部侍郎。	✓		少尹,註47
48		姚憲	2	9個月	工部侍郎、賜同進士出身、尋擢左諫議大夫。			少尹,註48
49		莫濛	2	7個月	以言者罷。			少尹,註49
50		沈度	1	4個月	皇太子免尹,知府、通判以下復置。			少尹,註50
	淳熙			1年	寢罷職名指揮。			皇太子免尹。註51
51		胡與可	1	約1年4個月	改除宮觀。			註52

52			趙彥操	1	4 個月	除太府卿兼權戶部侍郎。			註 53
53			韓彥直	1	5 日	罷兼。			註 54
54			李椿	1	2 個月	罷兼。			註 55
55			趙磻老	1	3 年	以失於彈壓，又不能收捕首先聚眾作鬧之人，亦放罷。			註 56
56			吳淵	1	約 2 年	除敷文閣學士在外宮觀。		✓	註 57
57			王佐	1	約 2 年 8 個月	除權戶部尚書。			註 58
58			韓彥質	1	約 1 年	除權戶部侍郎。			註 59
59			張构	1	約 2 年	改知鎮江府。			註 60
60			韓彥質	2	2 年	除徽猷閣直學士在京宮觀。			註 61
61			趙不流	1	6 個月	罷任。			註 62
62			景秉	1	2 個月	除宗正少卿。			註 63
63	宋光宗	紹熙	張构	2	1 年 5 個月	免兼。			註 64
64			潘景珪	1	11 個月	出知明州。			註 65
65			謝深甫	1	約 11 個月	除權工部侍郎。			註 66
66			袁說友	1	1 年 7 個月	除權戶部侍郎。		✓	註 67
67			王厚之	1	約 9 個月	放罷。	✓		註 68
68			蔡戡	1	約 5 個月	司農卿兼權戶部侍郎湖廣總領。		✓	註 69
69	宋寧宗	慶元	徐誼	1	約 3 個月	放罷。	✓		註 70
70			錢象祖	1	約 9 個月	除工部侍郎。			註 71
71			謝源明	1	約 4 個月	除中書舍人。			註 72

72		王溉	1	約1年	除權兵部侍郎。			註73
73		趙師𧫸	1	1年4個月	以母病,除華文閣待制知鎮江府。			註74
74		丁逢	1	8個月	放罷,與宮觀。			註75
75		朱晞顏	1	10個月	免兼	✓		註76
76	嘉泰	趙善堅	1	1年5個月	與宮觀。			註77
77		丁常任	1	1年2個月	免兼			註78
78		李澄	1	1年4個月	除權兵部侍郎。			註79
79		陳景思	1	23日	免兼			註80
80		王補之	1	10個月	與宮觀。			註81
81	開禧	趙師𧫸	2	1年1個月	放罷。	✓		註82
82		趙彥勵	1	3個月	放罷。			註83
83		趙善防	1	7個月	改除福建路運判。			註84
84		廖俣	1	3個月	除司農卿兼樞密院副都承旨			註85
85		趙師𧫸	3	7個月	放罷。		✓	註86
86		史彌堅	1	22日	免兼。			註87
87		趙善堅	2	1年	除權工部尚書。		✓	註88
88		史彌堅	2	2個月	除權兵部侍郎。			註89
89	嘉定	趙善宣	1	9個月	放罷。	✓		註90
90		趙師石	1	1年2個月	依舊太府少卿免兼			註91
91		黃犖	1	8日	免兼			註92
92		徐邦憲	1	2個月	免兼。			註93
93		趙師𧫸	4	2個月	免兼。		✓	註94

94			王枘	1	1年9個月	丁母憂。			註95
95			趙時侃	1	約3年2個月	兼權工部侍郎免兼。			註96
96			王枘	2	1年5個月	除太府卿兼知，後免兼。			註97
97			章良肱	1	3個月	免兼。			註98
98			程覃	1	1年4個月	除司農卿免兼。			註99
99			陳廣壽	1	2年6個月	太府卿、兼玉牒所檢討官免兼。			註100
100	宋理宗	寶慶 紹定	袁韶	1	8年	除同知樞密院事。			註101
101			趙立夫	1	1年1個月	除太府卿兼刪修敕令官。			註102
102			袁韶	2	4個月	除職與郡（罷政歸）			設安撫制置大使，註103
103			林介	1	1年8個月	降一官罷。			註104
104			余天錫	1	1年3個月	除戶部尚書、兼檢正、兼詳定敕令官免兼。			註105
105		端平	余鑄	1	5個月	除吏部侍郎。			註106
106			袁肅	1	10個月	免兼。	✓		註107
107			趙立夫	2	6個月	免兼。	✓		註108
108			顏頤仲	1	1年5個月	免兼。	✓		註109
109		嘉熙	趙與懽	1	1年4個月	除戶部尚書免兼。		✓	註110
110			史岩之	1	1年2個月	除權戶部尚書兼侍講免兼。	✓		註111

111		趙與懃	1	7個月	司農卿兼樞密都承旨免兼。				註 112
112		趙與懽	2	1年	提舉萬壽觀提領戶部財用。				註 113
113		吳潛	1	4個月	工部尚書、兼吏部尚書、兼侍讀免兼。				註 114
114	淳祐	趙與懽	3	9個月	資政殿學士、提舉萬壽觀、監修國史實錄院、兼侍讀、奉朝請。				註 115
115		趙與籌	1	近 12 年	觀文殿學士知紹興府、浙東安撫使。		✓		註 116
116		余天任	1	12 日	除權工部侍郎免兼。				註 117
117		余晦	1	5個月	除大理少卿。				註 118
118		翁甫	1	5個月	除太常少卿、暫兼權直舍人院、兼資善堂翊善。				註 119
119	寶祐	厲文翁	1	9個月	除太府卿、暫兼權戶部侍郎。				註 120
120		曾穎茂	1	3個月	除大理少卿。				註 121
121		顏頤仲	2	1 年 3 個月	除吏部尚書免兼。				註 122
122		王克仁	1	2個月	免兼。				註 123
123		馬光祖	1	9個月	外調沿江制置使、江東安撫使、知建康府。				註 124
124		王克仁	2	1 年 1 個月	除職與待次州郡。				註 125

125		徐橐	1	1 年 6 個月	除吏部尚書免兼知。			註 126
126	開慶	顧嵒	1		除吏部侍郎。★			註 127
127		何夢祥	1	2 個月	外調知紹興府。			註 128
128	景定	葉隆禮	1	4 個月	外調知紹興府。			註 129
129		厲文翁	2	4 個月	免兼知，仍提舉戶部財賦。			置兩浙制置使，未幾罷。註 130
130		陶熾	1	10 日	除大理少卿。			註 131
131		余晦	2	6 個月	罷。			註 132
132		洪燾	1	7 個月	免兼。	✓		註 133
133		趙與訔	1	28 日	除樞密院都承旨，免兼。			註 134
134		高衡孫	1	5 個月	免兼。		✓	註 135
135		魏克愚	1	2 個月	除軍器監。			註 136
136		馬光祖	2	7 個月	出為知福州、兼福建安撫使。	✓	✓	註 137
137		魏克愚	2	11 個月	罷。	✓		註 138
138		季鏞	1	29 日	免兼。			註 139
139		吳革	1	1 年 4 個月	罷。			註 140
140		劉良貴	1	約 3 個月	外調。			註 141
141	宋度宗 咸淳	趙與訔	2	約 4 個月	致仕。	✓		註 142
142		孫子秀	1	約 3 個月	放罷。			註 143
143		胡太初	1	3 日	免兼。			註 144
144		李芾	1	約 1 年 4 個月	放罷。			註 145
145		洪燾	2	2 年多	除吏部尚書。★			註 146
146		潛說友	1	約 3 年 9 個月	放罷。			註 147

147			趙與檟	1	7 個月	外調。			註 148
148			吳益	1	近 1 年	免兼。			註 149
149			朱浚	1	1 日	免兼。			註 150
150			黃萬石	1	約 5 個月	調湖南安撫使。			註 151
151	宋恭帝	德祐	曾淵子	1	21 日	遁逃。			兩浙安撫制置大使,註 152
152			趙孟傳	1	不明	外調。			註 153
153			家鉉翁	1	不明	為祈請使。	✓		註 154
154			文天祥	1	19 日	升右丞相兼樞密使、都督。			註 155
155			賈餘慶	1	11 日	為祈請使。			謝堂除兩浙鎮撫大使,註 156
156			翁仲德	1	不明	不明。			註 157
總任次 156,總人數 130 人									

　　上表以潛說友《咸淳臨安志》卷 47 至 49〈秩官 5 至七‧古今郡守表〉為底本,補以吳廷燮《南宋制撫年表》、《民國杭州府志》,[註1] 任期則參考林正秋《南宋都城臨安》[註2] 和徐吉軍《南宋都城臨安》,[註3] 再以《宋會要》、《全宋文》中收錄的臨安知府任命制書、辭免狀、罷免記錄,做一整理,並附註於後。

　　註 1　《咸淳臨安志》卷 47,秩官 5,〈古今郡守表〉,1b～2b,頁 453。

　　註 2　《咸淳臨安志》卷 47,秩官 5,〈古今郡守表〉,2b～3a,頁 454。(宋)綦崇禮,〈朝請郎新除中書舍人季陵可除徽猷閣待制知臨安府制〉,收於《全宋文》卷 3639,冊 167,頁 138。《建炎以來繫年要錄》卷 32,建炎四年三月辛未條,頁 740:「是月,朝奉郎季陵充徽猷閣待制、知臨安府。」(以下簡稱要錄)《要錄》卷 34,建炎四年六月戊寅條,頁 780:「徽猷閣待制知臨安府季陵復為中書舍人。」

〔註 1〕　(清)龔嘉儁,《民國杭州府志》(臺北:成文出版社,民國 63 年),卷 100,〈職官二‧知臨安府事〉,頁 1934～1939。
〔註 2〕　林正秋,《南宋都城臨安》(杭州:西泠印書社,1986 年),頁 199～200。
〔註 3〕　徐吉軍,《南宋都城臨安》(杭州:杭州出版社,2008 年),頁 148～149。

註 3 《咸淳臨安志》卷 47，秩官 5，〈古今郡守表〉，3a，頁 454。《宋史》卷 378，
列傳 137，〈胡舜陟傳〉，頁 11670。（清）胡培翬 輯，（清）胡培系補編，〈胡
少師年譜〉，收於《宋人年譜叢刊》（成都：四川大學出版社，2003 年），冊
6，頁 4041～4072。

註 4 《咸淳臨安志》卷 47，秩官 5，〈古今郡守表〉，3a，頁 454。

註 5 《咸淳臨安志》卷 47，秩官 5，〈古今郡守表〉，3a，頁 454。（宋）孫覿，〈臨
安府乞宮觀第一狀〉，收於《全宋文》卷 3423，冊 158，頁 443；同書，〈臨
安府乞宮觀第二狀〉，頁 444。《要錄》卷 48，紹興元年十月甲子條，頁 1001：
「龍圖閣待制知臨安府孫覿提舉江州太平觀。」《咸淳臨安志》卷 89，〈紀
事一〉，17a，頁 882：「紹興元年二月辛巳，禮部尚書兼侍讀秦檜參知政事，
龍圖閣待制孫覿時知臨安府，以啟賀檜，有曰：『盡室航海，復還中州，四
方傳聞，感涕交下。漢蘇武節旄盡落，止得屬國；唐杜甫麻鞋入見，乃拜拾
遺。未有如公，獨參大政。』檜以為譏己，始大怒之。」

註 6 《要錄》卷 49，紹興元年十一月戊戌條，頁 1021：「詔以會稽漕運不繼，移
蹕臨安，命兩浙轉運副使徐康國兼權臨安府，與內侍楊公弼先營公室。」
《宋會要》52 之 3，〈巡幸〉，冊 4，頁 1923：「紹興元年十一月五日，詔：
『紹興府駐蹕日久，漕運艱梗，軍兵薪水不便，可移蹕臨安府。令徐康國日
下前去權知臨安府，措置移蹕事務，候席益到交割府事訖，依舊同共措置。』」

註 7 《咸淳臨安志》卷 47，秩官 5，〈古今郡守表〉，3b，頁 454。

註 8 《咸淳臨安志》卷 47，秩官 5，〈古今郡守表〉，3b，頁 454。《要錄》卷 61，
紹興二年十二月庚子條，頁 1215：「秘閣修撰知臨安府宋輝罷。以殿中侍御
史曾統再疏論其救火無術，罪戾至多，又受入內東頭供奉官符輔之請求，縱
釋私酤故也。」（宋）莊綽，《雞肋編》（北京：中華書局，1983 年），卷中，
〈宋輝謬政士民詆惡〉，頁 54～55：「宋輝字元實，春明坊宣獻公之族子也，
腯偉而黑色，無他才能，在揚州嘗扶高宗登舟渡江，故被記錄，歷登運使，
以殿撰知臨安府。士民皆詆惡之，目為『油澆石佛』，甚者呼為『烏賊魚』，
謂其色黑，其政殘，其性愚也。又作賦云：『身衣紫袍，則容服之相稱；坐
乘烏馬，因人畜以無殊。』仍謎以詈之曰：『臨安府城裏兩個活畜生：一個
上面坐，一個下面行。』以其常乘烏馬故也。嘗有舟人殺士人一家，乃經府
陳狀云，『經風濤損失』，輝更不會問，便判狀令執照。後事敗於嚴州，尚執
此狀以自明。鞫之，前後此舟凡殺二十餘家矣。其在臨安，凡兩經遺火，焚

一城幾盡。人謂府中有『送火軍』，故致回祿。蓋取其姓名，移析為此語。竟以言者論其謬政而罷。不數月，即除沿海制置使。終以扶持之勞，簡在上心也。言者弗置，命乃不行。」

註 9　《咸淳臨安志》卷 47，秩官 5，〈古今郡守表〉，4a，頁 454。《要錄》卷 61，紹興二年十二月辛亥條，頁 1218：「右文殿修撰、江淮荊浙都督府參謀官盧知原，充徽猷閣待制、知臨安府。」又見《要錄》卷 66，紹興三年六月甲辰條，頁 1298：「徽猷閣待制知臨安府盧知原充都督府參謀官……以左司諫唐煇言，知原為政乖繆也。章再上，詔知原以本職奉祠。知原以是月癸丑提舉江州太平觀，今附此。」

註 10　《咸淳臨安志》卷 47，秩官 5，〈古今郡守表〉，4b～5a，頁 454～455。《要錄》卷 66，紹興三年六月甲辰條，頁 1298。《要錄》卷 104，紹興六年八月丙午條，頁 1958。（宋）周必大，《廬陵周益國文忠公集》（北京：線裝書局，2004 年），卷 69，〈寶文閣學士通奉大夫贈少師梁汝嘉神道碑〉，6b～10b，收於《宋集珍本叢刊》，冊 51，頁 664～666。

註 11　《咸淳臨安志》卷 47，秩官 5，〈古今郡守表〉，5a，頁 455。（元）袁桷，《延祐四明志》（北京：中華書局，1990 年），卷 4，〈人物考上〉，2b～25a，收於《宋元方志叢刊》，冊 6，頁 6195～6196。（宋）孫覿，《鴻慶居士文集》卷 37，〈宋故左朝議大夫直顯謨閣致仕汪公墓志銘〉，8a～12b，收於《叢書集成續編》，冊 127，頁 309～311。

註 12　《咸淳臨安志》卷 47，秩官 5，〈古今郡守表〉，5a，頁 455。《要錄》卷 104，紹興六年八月丙午條，頁 1958：「直顯謨閣新除兩浙運副使李謨陞直寶文閣、知臨安府。」《要錄》卷 105，紹興六年九月庚辰條，頁 1972：「詔臨安府百司行移並增行宮二字。行宮留守司奏以秘書少監吳表臣兼參議官、直寶文閣知臨安府李謨兼詳議官、秘書省正字胡珵兼主管機宜文字。又請右承議郎通判臨安府袁復一、趙令結並兼幹辦公事，大理寺丞吳彥章準備差遣。皆從之。」《要錄》卷 108，紹興七年正月丙寅條，頁 2027：「直寶文閣知臨安府李謨移鎮江府。」《鴻慶居士集》卷 35，〈宋故左中大夫直寶文閣致仕李公墓誌銘〉，5b～6a，冊 127，頁 289～291。

註 13　《咸淳臨安志》卷 47，秩官 5，〈古今郡守表〉，5a～5b，頁 455。《宋史》卷 362，列傳 121，〈呂頤浩傳〉，頁 11319～11324。（宋）佚名，〈呂忠穆公年譜〉，收於《宋人年譜叢刊》，冊 6，頁 3575～3578。

註 14　《咸淳臨安志》卷 47，秩官 5，〈古今郡守表〉，5b～6a，頁 455。（宋）李
　　　　彌遜，〈張澄集英殿修撰知臨安府制〉，收於《全宋文》卷 3946，冊 180，
　　　　頁 179；（宋）劉一止，〈張澄除徽猷閣直學士依舊知臨安府制〉，收於《全
　　　　宋文》卷 3267，冊 152，頁 32。（宋）王明清，《揮麈錄餘話》（臺北：臺
　　　　灣商務印書館，民國 55 年）卷 2，3b～4a，收於《四部叢刊續編》，冊 99。

註 15　《咸淳臨安志》卷 47，秩官 5，〈古今郡守表〉，6b，頁 455。《要錄》卷 137，
　　　　紹興十年八月壬辰條，頁 2585：「直龍圖閣、知臨安府蔣璨與直秘閣、兩
　　　　浙轉運副使張匯兩易。」

註 16　《咸淳臨安志》卷 47，秩官 5，〈古今郡守表〉，6b，頁 455。《要錄》卷 137，
　　　　紹興十年九月壬戌條，頁 2590：「直秘閣、知臨安府張匯復為兩浙轉運副
　　　　使。」

註 17　《咸淳臨安志》卷 47，秩官 5，〈古今郡守表〉，6b，頁 455。（宋）俞俟，
　　　　〈才力不易任臨安府奏〉，收於《全宋文》卷 4395，冊 199，頁 58。

註 18　《咸淳臨安志》卷 47，秩官 5，〈古今郡守表〉，6b～7a，頁 455～456。（宋）
　　　　張擴，〈王晚除敷文閣待制知臨安府制〉，收於《全宋文》卷 3195，冊 148，
　　　　頁 215。《宋史》卷 380，列傳 139，〈王次翁傳〉，頁 11711～11712：「先
　　　　是，檜兄子與其內兄王晚，皆以恩幸得官，檜初罷政，二人擯斥累年。……
　　　　太后回鑾，次翁為奉迎扈從禮儀使。初，太后貸金于金使以犒從者，至境，
　　　　金使責償乃入。次翁以未得檜命，且懼檜疑其私相結納，欲擴其位，堅不
　　　　肯償，相持境上凡三日，中外憂慮，副使王晚衰金與之。」《宋史》卷 381，
　　　　列傳 140，〈黃龜年傳〉，頁 11740：「書上，檜罷，併劾檜黨王晚、王昞、
　　　　王守道，皆罷之。」

註 19　《咸淳臨安志》卷 47，秩官 5，〈古今郡守表〉，7a，頁 456。

註 20　《咸淳臨安志》卷 47，秩官 5，〈古今郡守表〉，7a～7b，頁 456。《要錄》
　　　　卷 153，紹興十五年六月丙戌條，頁 2900：「張澄龍圖閣學士知臨安府奏
　　　　修蓋太師秦檜第宅官吏名銜，詔第一等轉兩官，餘以次第賞，尋拜澄端明
　　　　殿學士。」《要錄》卷 154，紹興十五年九月辛亥條，頁 2910：「臨安府守
　　　　臣張澄條上修建皇太后宅官吏名銜，詔以次第賞。」《要錄》卷 155，紹興
　　　　十六年正月戊戌條，頁 2928：「端明殿學士右宣奉大夫知臨安府張澄為慶
　　　　遠軍節度使，以修皇城及籍田辦治故也。尋詔澄佩魚施狨坐，立班上殿並
　　　　如舊。」

註21 《咸淳臨安志》卷47，秩官5，〈古今郡守表〉，7b，頁456。《要錄》卷155，
　　　紹興十六年九月丙戌條，頁2943：「直秘閣兩浙路轉運判官沈該知臨安府。」

註22 《咸淳臨安志》卷47，秩官5，〈古今郡守表〉，7b，頁456。（宋）張嵲，
　　　〈趙不棄知臨安府制〉，收於《全宋文》卷4102，冊186，頁397。

註23 《咸淳臨安志》卷47，秩官5，〈古今郡守表〉，7b～8a，頁456。（宋）趙
　　　彥衛，《雲麓漫鈔》卷10，〈秦太師十客〉，頁169：「湯鵬舉惡客。……湯，
　　　金壇人，本亦出秦門，既薨，攻之不遺餘力。」

註24 《咸淳臨安志》卷47，秩官5，〈古今郡守表〉，8a，頁456。《要錄》卷160，
　　　紹興十九年八月壬申條，頁3029：「權尚書戶部侍郎兼權樞密都承旨宋昞
　　　兼權知臨安府。」《要錄》卷162，紹興二十一年二月乙卯條，頁3066：
　　　「權尚書戶部侍郎宋昞落權字仍兼權知臨安府。」《要錄》卷162，紹興二
　　　十一年閏四月壬午條，頁3071～3072：「尚書戶部侍郎兼權知臨安府宋昞
　　　罷。右正言章廈論昞市井小人，初無才術，左藏庫自去年闕乏，支遣不行，
　　　乃以臨安府公使激賞贍軍三庫那錢物支遣，又不勘虛實，令軍人自往漕司
　　　支散，及令捉事使臣於諸倡家強買婦人。昞，章惇甥婿，惇以誣岡宣仁之
　　　故，得旨子孫不得與行在差遣，而昞嘗假章俸錢數萬緡，乃辟其子為酒官，
　　　又每於省府事，輒曰：『此非昞意。』嫁怨於上，斂恩於己，此最害治之大
　　　者，望賜竄責，以為姦邪之戒。故昞遂罷。」

註25 《咸淳臨安志》卷47，秩官5，〈古今郡守表〉，8a，頁456。（宋）孫覿，
　　　《鴻慶居士集》（臺北，臺灣商務印書館，民國72年），卷38，〈宋故左中
　　　奉大夫直龍圖閣趙公墓誌銘〉，25a～25b，收於《文淵閣四庫全書》，冊1135，
　　　頁835。

註26 《咸淳臨安志》卷47，秩官5，〈古今郡守表〉，8a～8b，頁456。《宋會要》
　　　職官70之40，〈黜降官七〉，冊8，頁4938：「（紹興二十五年）十月二十
　　　三日，權戶部侍郎、兼知臨安府曹泳可特勒停，新州安置。二十六年正月
　　　二十四日，移吉陽軍編管。臣僚言，泳以秦檜親黨，進由武弁，致身從班，
　　　招權怙勢。故有是命。」

註27 《咸淳臨安志》卷47，秩官5，〈古今郡守表〉，8b，頁456。《要錄》卷174，
　　　紹興二十六年九月庚戌條，頁3335：「戶部尚書韓仲通充敷文閣直學士、
　　　知廣州。」

註28 《咸淳臨安志》卷47，秩官5，〈古今郡守表〉，9a～9b，頁457：「九月八

日，以右朝請大夫知常州除直祕閣知。」《要錄》卷174，紹興二十六年九月丁未條，頁3334：「右朝請大夫新江南西路轉運副使榮薿直祕閣、知臨安府。」

註29 《咸淳臨安志》卷47，秩官5，〈古今郡守表〉，9b，頁457。（宋）周麟之，《海陵集》（臺北：臺灣商務印書館，民國72年），卷16，〈張儔除知臨安府〉，收於《文淵閣四庫全書》，冊1142，頁124。

註30 《咸淳臨安志》卷47，秩官5，〈古今郡守表〉，9b～10a，頁457。《宋史》卷247，列傳6，〈趙子瀟傳〉，頁8747。（宋）胡銓，《胡澹庵先生文集》（臺北，漢華文化事業公司，民國59年），卷24，〈龍圖閣學士贈少傅趙公墓誌銘〉，9a～18b，下冊，頁1242～1254。

註31 《咸淳臨安志》卷47，秩官5，〈古今郡守表〉，10a，頁457。（宋）樓鑰，《攻媿集》（臺北：新文豐出版公司，民國74年），卷92，〈觀文殿學士錢公行狀代汪尚書〉，收於《叢書集成新編》，冊64，頁445～449。

註32 《咸淳臨安志》卷47，秩官5，〈古今郡守表〉，10a，頁457。《要錄》卷186，紹興三十年九月戊寅條，頁3599：「直敷文閣知臨安府黃仁榮以母憂去官。」

註33 《咸淳臨安志》卷47，秩官5，〈古今郡守表〉，10b，頁457。據《要錄》卷188，紹興三十一年正月戊寅條，頁3641、《宋會要》食貨21之2，〈酒麴雜錄下〉，冊11，頁6443，知錢端禮為免兼臨安知府，仍為權戶部侍郎。

註34 《咸淳臨安志》卷47，秩官5，〈古今郡守表〉，10b～11b，頁457～458。據《宋會要》選舉34之13，〈特恩除職下〉，冊10，頁5914：「（隆興元年）五月二十二日，詔尚書戶部侍郎趙子瀟除敷文閣直學士、知明州兼沿海制置使。從其請也。」知其仍為戶部侍郎，為免兼臨安知府。

註35 《咸淳臨安志》卷47，秩官5，〈古今郡守表〉，11b，頁458。（宋）洪邁，《夷堅丁志》（京都，中文出版社，1975年），卷17，〈三鴉鎮〉，頁299。《宋會要》職官71之5，〈黜降官八〉，冊8，頁4949：「（隆興元年八月）十一日，詔：『左朝請大夫、直顯謨閣林安宅，右朝請郎、新除直祕閣任盡言並罷宮祠，內盡言除職指揮更不施行。』以殿中侍御史周操論安宅被旨差知太平州，盡言知鎮江府，二人以防秋在近，詭避不行，各求宮觀，遂其所欲，致煩朝廷旋擇守臣。故有是命。」

註36 《咸淳臨安志》卷47，秩官5，〈古今郡守表〉，11b，頁458。《宋會要》方域2之25，〈臨安府城〉，冊15，頁9295。

註 37　《咸淳臨安志》卷 47，秩官 5，〈古今郡守表〉，11b，頁 458。《宋會要》職
　　　　官 71 之 9，〈黜降官八〉，冊 8，頁 4951。清浚餘杭南、北兩湖，見《宋會
　　　　要》食貨 8 之 22，〈方域志〉，冊 10，頁 6158。

註 38　《咸淳臨安志》卷 47，秩官 5，〈古今郡守表〉，11b～12a，頁 458。（宋）
　　　　洪适，《盤洲文集》（北京：線裝書局，2004 年），卷 20，〈吳芾徽猷閣直
　　　　學士知臨安府制〉，收於 10b～11a，收於《宋集珍本叢刊》，冊 45，頁 170
　　　　～171；同書卷 14，〈賜吏部侍郎吳芾辭免敷文閣直學士知臨安府不允詔〉，
　　　　收於《宋集珍本叢刊》冊 45，頁 136。《宋史》卷 387，列傳 146，〈吳芾
　　　　傳〉，頁 11888～1189：「以敷文閣直學士知臨安。內侍家僮毆傷酒家保，
　　　　芾捕治之，徇于市，權豪側目。執政議以芾使金，復除吏部侍郎，且議以
　　　　龍大淵為副，芾曰：『是可與言行事者邪？』語聞，得罪不行。下遷禮部侍
　　　　郎，力求去，提舉太平興國宮。」又見同書，卷 97，志 50，〈臨安運河〉，
　　　　頁 2400：「隆興二年，守臣吳芾言：『城裏運河，先已措置北梅家橋、仁和
　　　　倉、斜橋三所作壩，取西湖六處水口通流灌入。府河積水，至望仙橋以南
　　　　至都亭驛一帶，河道地勢，自昔高峻。今欲先於望仙橋城外保安牐兩頭作
　　　　壩，却於竹車門河南開掘水道，車戽運水，引入保安門通流入城，遂自望
　　　　仙橋以南開至都亭驛橋，可以通徹積水，以備緩急。計用工四萬。』從之。」
　　　　（宋）朱熹，《晦庵先生朱文公文集》（臺北：臺灣商務印書館，民國 64
　　　　年），卷 88，〈龍圖閣直學士吳公神道碑〉，9a～17b，收於《叢書集成初編》。

註 39　《咸淳臨安志》卷 47，秩官 5，〈古今郡守表〉，12a，頁 458。（宋）洪适，
　　　　〈薛良朋知臨安府制〉，收於《全宋文》卷 4715，冊 212，頁 345。《宋會
　　　　要》選舉 34 之 17，〈特恩除職下〉，冊 10，頁 5917：「（乾道元年七月）四
　　　　日，詔：『直顯謨閣、權發遣臨安府薛良朋警戢盜賊，究心職事，除直龍圖
　　　　閣。』」《宋會要》兵 3 之 9，〈廂巡一〉，冊 14，頁 8661～8662。《宋會要》
　　　　食貨 59 之 42，〈恤災〉，冊 12，頁 7402。《宋會要》食貨 60 之 12～14，
　　　　〈恩惠〉，冊 12，頁 7428～7429。《宋會要》食貨 68 之 126，〈恤災〉，冊
　　　　13，頁 8030。《宋會要》食貨 68 之 147～149，〈恩惠・養濟院〉，頁 8042
　　　　～8043。（宋）陳傅良，《止齋先生文集》（臺北：新文豐出版公司，民國 78
　　　　年），卷 49，〈敷文閣直學士薛公壙志〉，1a～2a，收於《叢書集成續編》，
　　　　冊 129，頁 372。

註 40　《咸淳臨安志》卷 47，秩官 5，〈古今郡守表〉，12a～12b，頁 458。《宋會

要》選舉 34 之 23，〈特恩除職下〉，冊 10，頁 5921。

註 41　《咸淳臨安志》卷 47，秩官 5，〈古今郡守表〉，12b～13b，頁 458～459。
《宋會要》選舉 34 之 18，〈特恩除職下〉，冊 10，頁 5917。《宋史》卷 390，
列傳 149，〈周淙傳〉，頁 11957～11958。

註 42　《咸淳臨安志》卷 47，秩官 5，〈古今郡守表〉，13b，頁 459。《宋會要》選
舉 34 之 23，〈特恩除職下〉，冊 10，頁 5921。（清）徐松輯，陳智超整理，
《宋會要輯稿補編》（北京，全國圖書館文獻微縮複製中心，1988 年），〈宋
考課〉，頁 406。

註 43　《咸淳臨安志》卷 47，秩官 5，〈古今郡守表〉，13b，頁 459。（宋）王明清，
《揮麈三錄》（北京：中華書局，1961 年），卷 3，頁 263：「隆興初，有胡
昉者，大言夸誕，當國者以為天下奇才，力加薦引，命之以官。曾未數年，
為兩浙漕。一日，語坐客云：『朝廷官爵，是買吾曹之頭顱，豈不可畏！』
適聞人伯卿阜民在坐末，趨前云：『也買脫空！』胡默然。」

註 44　《咸淳臨安志》卷 47，秩官 5，〈古今郡守表〉，14a，頁 459。（宋）周密，
《癸辛雜識》（北京：中華書局，1988 年），前集，〈韓彥古〉，頁 38～39。
（宋）李心傳，《建炎以來朝野雜記》（北京：中華書局，2000 年），乙集，
〈孝宗黜龍曾本末〉，頁 777。

註 45　《咸淳臨安志》卷 47，秩官 5，〈古今郡守表〉，14a，頁 459。《宋史》卷 390，
列傳 149，〈莫濛傳〉，頁 11956～11957。

註 46　《咸淳臨安志》卷 48，秩官 6，〈古今郡守表〉，2b，頁 460。（清）王梓材
輯，《宋元學案補遺》（臺北：新文豐出版公司，民國 78 年），卷 4，〈晁氏
家學〉，163a，收於《叢書集成續編》，冊 248，頁 312。

註 47　《咸淳臨安志》卷 48，秩官 6，〈古今郡守表〉，2b～3a，頁 460～461。（宋）
范成大，〈沈復工部侍郎兼臨安府少尹制〉，收於《全宋文》卷 4976，冊
224，頁 262。

註 48　《咸淳臨安志》卷 48，秩官 6，〈古今郡守表〉，3a，頁 461。《宋會要》選
舉 9 之 20，〈賜出身·賜同出身〉，冊 9，頁 5443。

註 49　《咸淳臨安志》卷 48，秩官 6，〈古今郡守表〉，3a，頁 461。《宋史》卷 390，
列傳 149，〈莫濛傳〉，頁 11957。

註 50　《咸淳臨安志》卷 48，秩官 6，〈古今郡守表〉，3a～3b，頁 461。

註 51　《咸淳臨安志》卷 48，秩官 6，〈古今郡守表〉，3a～3b，頁 461。《宋會要》

職官 51 之 25，〈國信使〉，冊 8，頁 4431：「淳熙元年二月二十一日，詔權
吏部侍郎趙粹中假左朝請大夫、試工部尚書，權知閤門事、兼客省四方館
事龍霧假泉州觀察使、知閤門事、兼客省四方館事，充接伴金國使、副；
館伴以權兵部尚書、兼知臨安府沈度假試吏部尚書充，福州觀察使、知閤
門事、兼客省四方館事、兼樞密都承旨王抃副之。」《宋會要》職官 72 之
1，〈黜降官九〉，冊 8，頁 4967：「（淳熙元年）四月七日，知臨安府沈度
寢罷職名指揮。以北使之來，度奉館客，託疾規避；既聞虜使恭順，又稱
疾已痊愈。故有是命。」

註 52　《咸淳臨安志》卷 48，秩官 6，〈古今郡守表〉，3b，頁 461。《宋會要》職
官 72 之 14，〈黜降官九〉，冊 8，頁 4974～4975：「（淳熙四年九月）二十
二日，知臨安府胡與可與外任宮觀。以言者論：『與可趨操柔邪，性姿詭
譎。平生仕宦了無可稱，但以善於結託，脂韋苟且，累經除用，遂為臨安
守臣。厚斂重征，以資妄費，凡有爭訟，非賄不行。與可身雖卑污，無以
戢吏，獨於士夫之間，乃敢肆其凌藉，倨氣傲色，專為凶德。』故有是命。
既而復言與可罰未當懲，遂寢宮祠之命。

註 53　《咸淳臨安志》卷 48，秩官 6，〈古今郡守表〉，3b，頁 461。

註 54　《咸淳臨安志》卷 48，秩官 6，〈古今郡守表〉，4a，頁 461。《宋會要》帝
系 1 之 18，〈廟號追尊〉，冊 1，頁 13：「淳熙二年七月六日……戶部尚書
韓彥直……」《宋會要》禮 57 之 5，〈上壽·德壽宮太上皇帝慶壽〉，冊 4，
頁 1978：「淳熙二年十二月四日……戶部尚書韓彥直……」

註 55　《咸淳臨安志》卷 48，秩官 6，〈古今郡守表〉，4a，頁 461。

註 56　（宋）李心傳，《建炎以來朝野雜記》（北京：中華書局，2000 年），乙集，
卷 7，〈史文惠以直諫去位〉，頁 617。《咸淳臨安志》卷 48，秩官 6，〈古
今郡守表〉，4a，頁 461。

註 57　（宋）崔敦詩，《崔舍人玉堂類稿》，（臺北：新文豐出版公司，民國 74 年），
卷 6〈賜朝散郎試尚書工部侍郎兼知臨安府吳淵乞免兼知臨安府不允詔〉，
收於《叢書集成新編》，冊 64，頁 49。《咸淳臨安志》卷 48，秩官 6，〈古
今郡守表〉，4b，頁 461。

註 58　《咸淳臨安志》卷 48，秩官 6，〈古今郡守表〉，5a，頁 462。（宋）陸游，
《陸放翁全集·渭南文集》（北京：中國書店，1986 年），卷 34，〈尚書王
公墓志銘〉，頁 208～213。（宋）周密，《齊東野語》卷 1，〈孝宗聖政〉，頁

3。《咸淳臨安志》卷48，秩官6，〈古今郡守表〉，5a，頁462。

註59　《咸淳臨安志》卷48，秩官6，〈古今郡守表〉，5b，頁462。

註60　《咸淳臨安志》卷48，秩官6，〈古今郡守表〉，5b，頁462。

註61　《咸淳臨安志》卷48，秩官6，〈古今郡守表〉，6a，頁462。

註62　《咸淳臨安志》卷48，秩官6，〈古今郡守表〉，6a～6b，頁462。《宋會要》
　　　　職官72之51，〈黜降官九〉，冊8，頁4996。（宋）周煇，《清波雜志校注》
　　　　（北京：中華書局，1994年），卷7，〈僧譚禍福〉，頁308～309。

註63　《咸淳臨安志》卷48，秩官6，〈古今郡守表〉，6b，頁462。

註64　《咸淳臨安志》卷48，秩官6，〈古今郡守表〉，6b，頁462。

註65　《咸淳臨安志》卷48，秩官6，〈古今郡守表〉，7a，頁463。

註66　《咸淳臨安志》卷48，秩官6，〈古今郡守表〉，7a，頁463。

註67　（宋）袁說友，〈辭免除太府少卿兼知臨安府表〉，收於《全宋文》卷6205，
　　　　冊274，頁237；同書，〈知臨安府乞在外待闕差遣劄子〉，頁273。《咸淳
　　　　臨安志》卷48，秩官6，〈古今郡守表〉，7b，頁463。

註68　（宋）樓鑰，〈直秘閣兩浙運判王厚之直顯謨閣知臨安府制〉，收於《全宋
　　　　文》卷5908，冊262，頁275。《宋會要》職官73之18，〈黜降官十〉，冊
　　　　9，頁5010。《咸淳臨安志》卷48，秩官6，〈古今郡守表〉，7b，頁463。

註69　（宋）蔡戡，〈辭免兼知臨安府劄子〉，收於《全宋文》卷6253，冊276，頁
　　　　224；同書，〈再辭免兼知臨安府劄子〉，頁224。《咸淳臨安志》卷48，秩
　　　　官6，〈古今郡守表〉，7b，頁463。

註70　（宋）陳傅良，〈中書門下省檢正諸房公事兼權刑部侍郎徐誼除權工部侍郎
　　　　兼知臨安府制〉，收於《全宋文》卷6024，冊267，頁2179。《宋會要》職
　　　　官73之19，〈黜降官十〉，冊9，頁5011：「（慶元元年二月）二十四日，
　　　　朝散大夫、權工部侍郎、知臨安府徐誼放罷。以監察御史劉德秀言，誼素
　　　　無士行，阿附權塵，詞狀淹積，盜賊公行。」《咸淳臨安志》卷48，秩官
　　　　6，〈古今郡守表〉，7b，頁463。

註71　《咸淳臨安志》卷48，秩官6，〈古今郡守表〉，7b，頁463。

註72　《咸淳臨安志》卷48，秩官6，〈古今郡守表〉，8a，頁463。

註73　《咸淳臨安志》卷48，秩官6，〈古今郡守表〉，8a，頁463。

註74　《咸淳臨安志》卷48，秩官6，〈古今郡守表〉，8a～8b，頁463。（宋）葉
　　　　適，《葉適集・水心文集》（北京：中華書局，1961年），卷24，〈兵部尚書

徽猷閣學士趙公墓誌銘〉，頁 475。

註 75　《宋會要》職官 73 之 26，〈黜降官十〉，冊 9，頁 5015：「（慶元四年）六月
　　　　八日，知臨安府丁逢放罷，與宮觀，理作自陳。以臣僚言；『逢為尹京畿，
　　　　府側居民被火破家，從吏留火術之請，萬口嗟怨，絕無憂民之心。』《咸
　　　　淳臨安志》卷 48，秩官 6，〈古今郡守表〉，8b，頁 463。知臨安府前為軍
　　　　器監，見《宋會要》選舉 21 之 7，〈監試〉，冊 10，頁 5650：「（慶元三年）
　　　　八月五日……軍器監丁逢……」

註 76　（宋）宋寧宗，〈朱晞顏特授工部侍郎兼知臨安府制〉，收於《全宋文》卷
　　　　6895，冊 302，頁 161。《咸淳臨安志》卷 48，秩官 6，〈古今郡守表〉，8b，
　　　　頁 463。朱晞顏任臨安知府前為江東總領，見（清）陸心源，《宋史翼》（北
　　　　京：中華書局，1991 年），卷 21，列傳 21，〈循吏四〉，17a，頁 225。（宋）
　　　　談鑰，〈宋故通議大夫守尚書工部侍郎致仕休寧縣開國男食邑三百戶贈宣
　　　　奉大夫朱公晞顏行狀〉，收於（明）程敏政，《新安文獻志》（臺北：臺灣商
　　　　務印書館，民國 72 年），卷 82，23b～24a，《文淵閣四庫全書》，冊 1376，
　　　　頁 351～352。

註 77　《宋會要》職官 73 之 30，〈黜降官十〉，冊 9，頁 5017：「（嘉泰元年）七月
　　　　三日，太中大夫、權工部侍郎、兼知臨安府趙善堅與宮觀，理作自陳。以
　　　　臣僚言：『善堅叨尹京都，初無善政，都城遺漏，遂致燎原，由平時備不先
　　　　具，羣小騎屋縱煙，訛言恐眾，不能彈壓。』故有是命。《咸淳臨安志》卷
　　　　48，秩官 6，〈古今郡守表〉，9a，頁 464。

註 78　《咸淳臨安志》卷 48，秩官 6，〈古今郡守表〉，9a，頁 464。任臨安知府前
　　　　為金國遺物國信使，見《宋會要》禮 30 之 63，〈歷代大行喪禮下‧光宗〉，
　　　　冊 3，頁 1401、《宋史》卷 37，本紀 37，〈寧宗一〉，頁 727、《金史》卷
　　　　62，表 4，〈交聘表下〉，頁 1469。

註 79　《咸淳臨安志》卷 48，秩官 6，〈古今郡守表〉，9a～9b，頁 464。

註 80　《咸淳臨安志》卷 48，秩官 6，〈古今郡守表〉，9b，頁 464。陳景思為韓侂
　　　　冑姻親，見《宋史》卷 429，列傳 188，〈朱熹傳〉，頁 12768：「有籍田令
　　　　陳景思者，故相康伯之孫也，與侂冑為姻連。」《水心文集》卷 18，〈朝請
　　　　大夫主管沖佑觀煥章侍郎陳公墓誌銘〉，頁 358～361。

註 81　《宋會要》73 之 34，〈黜降官十〉，冊 9，頁 5020：「（嘉泰四年）九月二十
　　　　四日，戶部侍郎王蓮、太府卿兼知臨安府王補之並與宮觀，理作自陳。以

臣僚言：『蓬賦資點傲，遇事躁浮；補之尹京無狀，措置乖方。』」《咸淳臨安志》卷 48，秩官 6，〈古今郡守表〉，9b，頁 464。

註 82　《宋會要》職官 73 之 35，〈黜降官十〉，冊 9，頁 5021：「（開禧元年）八月十九日，戶部尚書、兼知臨安府趙師罺放罷。以臣僚言：『師罺專事煩舌，逢迎干進；唯尚嚴酷，以濟貪鄙。』」

註 83　《宋會要》職官 73 之 36，〈黜降官十〉，冊 9，頁 5021：「（開禧元年）十月三日，工部侍郎、兼知臨安府趙彥勵，中書舍人陳峴，並放罷。以臣僚言：『彥勵修怨前官，罪及非辜；峴致憾廝後，用意必殺。』」

註 84　《咸淳臨安志》卷 48，秩官 6，〈古今郡守表〉，10a，頁 464。

註 85　（宋）衛涇，《後樂集》卷 2，〈中奉大夫行司農少卿兼知臨安軍府兼管內勸農事主管浙西路安撫司公事馬步軍都總管兼點檢贍軍激賞酒庫所會稽縣開國男食邑三百戶廖侯依前官特授守司農卿兼樞密副都承旨封如故制〉，6a~6b，《文淵閣四庫全書》，冊 1169，頁 483。《咸淳臨安志》卷 48，秩官 6，〈古今郡守表〉，10a，頁 464。

註 86　（宋）衛涇，《後樂集》卷 2，〈太中大夫寶謨閣學差知廬州祥符縣開國子食邑五百戶趙師罺依前官特試工部尚書知臨安府兼浙西路安撫使馬步軍都總管封如故制〉，23a~24a，《文淵閣四庫全書》，冊 169，頁 491～492。（宋）周南，〈代某官辭免第三次知臨安府表〉，收於《全宋文》卷 6689，冊 294，頁 35。《宋會要》職官 73 之 37，〈黜降官十〉，冊 9，頁 5021：「（開禧二年）十二月二日，工部尚書、兼知臨安府趙師罺放罷。以臣僚言師罺天資回邪，專務詭詐，屢經論奏。」

註 87　《咸淳臨安志》卷 48，秩官 6，〈古今郡守表〉，10b，頁 464。

註 88　（宋）衛涇，〈趙善堅辭免除工部侍郎兼知臨安府不允詔〉，收於《全宋文》卷 6618，冊 291，頁 18。《宋會要》職官 74 之 36，〈黜降官十一〉，冊 9，頁 5062：「（嘉定三年四月）二十四日，太中大夫、提舉隆興府玉隆萬壽宮陸峻，宣奉大夫、提舉江州太平興國宮趙善堅並罷祠祿。以臣僚言：「峻久居瑣闥，專事暗默，封駁之事，了無所聞。善堅濫尹天府，苛刻益甚，回祿之變，措置乖繆。」善堅事亦見《慶元黨禁》，可知為黨附韓侂冑者，此黜降為政治清算。

註 89　《咸淳臨安志》卷 48，秩官 6，〈古今郡守表〉，11a，頁 465。《延祐四明志》卷 5，〈人物考中〉，22a～23a，收於《宋元方志叢刊》，冊 6，頁 6212。

註 90 （宋）蔡幼學，〈趙善宣知臨安府制〉，收於《全宋文》卷 6572，冊 289，頁 182。《宋會要》職官 73 之 41，〈黜降官十〉，冊 9，頁 5024：「（嘉定元年）八月七日，直華文閣、知臨安府趙善宣，新除侍右郎官李珏並放罷。以臣僚言善宣應酬無取，珏妄自尊高。」《咸淳臨安志》卷 48，秩官 6，〈古今郡守表〉，11a，頁 465。

註 91 《咸淳臨安志》卷 48，秩官 6，〈古今郡守表〉，11a～11b，頁 465。

註 92 《咸淳臨安志》卷 48，秩官 6，〈古今郡守表〉，11b，頁 465。（宋）袁燮，《絜齋集》（臺北：新文豐出版公司，民國 74 年），卷 14，〈祕閣修撰黃公行狀〉，收於《叢書集成新編》，冊 64，頁 678～681。

註 93 《咸淳臨安志》卷 48，秩官 6，〈古今郡守表〉，11b，頁 465。《宋史》卷 404，列傳 163，〈徐邦憲傳〉，頁 12231～12232。

註 94 （宋）真德秀，〈賜正議大夫守兵部尚書兼知臨安府趙師睪乞畀祠祿不允詔〉，收於《全宋文》卷 7136，冊 312，頁 46。《咸淳臨安志》卷 48，秩官 6，〈古今郡守表〉，11b，頁 465。

註 95 《咸淳臨安志》卷 48，秩官 6，〈古今郡守表〉，12a，頁 465。《齊東野語》卷 3，〈誅韓本末〉，頁 47～52。《宋史》卷 395，列傳 154，〈王枏傳〉，頁 12062～12063。

註 96 《咸淳臨安志》卷 48，秩官 6，〈古今郡守表〉，12a～12b，頁 465。

註 97 《咸淳臨安志》卷 48，秩官 6，〈古今郡守表〉，12b，頁 465。

註 98 《咸淳臨安志》卷 48，秩官 6，〈古今郡守表〉，12b～13a，頁 465～466。《南宋館閣續錄》記其為處州麗水人，見（宋）佚名，《南宋館閣續錄》（北京：中華書局，1998 年），卷 8，〈官聯二〉，頁 296。

註 99 《咸淳臨安志》卷 48，秩官 6，〈古今郡守表〉，13a，頁 466。（宋）程珌，《洺水集》（臺北：臺灣商務印書館，民國 72 年），卷 10，〈殿撰程農卿墓誌銘〉，24b～27b，收於《文淵閣四庫全書》，冊 1171，頁 372～373。

註 100 《咸淳臨安志》卷 48，秩官 6，〈古今郡守表〉，13a，頁 466。知臨安府前為金部郎中，見（宋）黃罃，《嘉定赤城志》卷 33，〈人物門三・本朝進士〉，11b，收於《宋元方志叢刊》，冊 7，頁 7534。

註 101 《咸淳臨安志》卷 48～49，秩官 6～7，〈古今郡守表〉，13b～1a，頁 466～467。

註 102 《咸淳臨安志》卷 49，秩官 7，〈古今郡守表〉，1b，頁 467；（宋）吳泳，

《鶴林集》（北京：線裝書局，2004 年），卷 8，〈趙立夫授守太府卿兼刪修敕令官兼知臨安府制〉，13b～14a，收於《宋集珍本叢刊》，冊 74，頁 352。

註 103 《咸淳臨安志》卷 49，秩官 7，〈古今郡守表〉，1b，頁 467。（元）袁桷，《延祐四明志》卷 5，〈人物考中・先賢〉，14a，收於《宋元方志叢刊》，冊 6，頁 6208。

註 104 《咸淳臨安志》卷 49，秩官 7，〈古今郡守表〉，1b～2a，頁 467。《宋史》卷 423，列傳 182，〈陳塤傳〉，頁 12639。

註 105 《咸淳臨安志》卷 49，秩官 7，〈古今郡守表〉，2a，頁 467。

註 106 《咸淳臨安志》卷 49，秩官 7，〈古今郡守表〉，2a～2b，頁 467。

註 107 （宋）洪咨夔，〈右司郎中袁肅除太府少卿兼知臨安府制〉，收於《全宋文》卷 6987，冊 306，頁 232。《咸淳臨安志》卷 49，秩官 7，〈古今郡守表〉，2b，頁 467

註 108 （宋）吳泳，《鶴林集》卷 6，〈趙立夫授權戶部侍郎兼同詳定兼知臨安府制〉，13b～14a，頁 330；《咸淳臨安志》卷 49，秩官 7，〈古今郡守表〉，2b，頁 467。（明）徐象梅，《兩浙名賢錄》（上海：上海古籍出版社，1997 年），卷 27，〈吏治・宋二〉，20a～20b，收於《續修四庫全書》，冊 543，頁 63。

註 109 《咸淳臨安志》卷 49，秩官 7，〈古今郡守表〉，2b～3a，頁 467～468。

註 110 （宋）許應龍，〈朝散大夫權戶部侍郎兼同詳定敕令官兼知臨安府浙西安撫使趙與懽辭免除戶部侍郎兼權兵部尚書兼職依舊恩命不允詔〉，收於《全宋文》卷 6917，冊 303，頁 116；同書，〈降授朝奉大夫權戶部尚書兼同詳定敕令官兼知臨安府趙與懽辭免特與敘復元官恩命不允詔〉，頁 117；同書，〈朝奉大夫試戶部侍郎兼權兵部尚書兼同詳定敕令官兼知臨安府淛西安撫使趙與懽辭免除戶部尚書兼職依舊恩命不允詔〉，頁 117。《咸淳臨安志》卷 49，秩官 7，〈古今郡守表〉，3a，頁 468。

註 111 （宋）許應龍，〈史岩之除太府卿兼知臨安府制〉，收於《全宋文》卷 6920，冊 303，頁 208。《咸淳臨安志》卷 49，秩官 7，〈古今郡守表〉，3b，頁 468。

註 112 《咸淳臨安志》卷 49，秩官 7，〈古今郡守表〉，3b～4a，頁 468。

註 113 《咸淳臨安志》卷 49，秩官 7，〈古今郡守表〉，4a，頁 468。

註 114　《咸淳臨安志》卷 49，秩官 7，〈古今郡守表〉，4a，頁 468。

註 115　《咸淳臨安志》卷 49，秩官 7，〈古今郡守表〉，4b，頁 468。

註 116　（宋）劉克莊，〈賜資政殿大學士正奉大夫提領戶部財用兼知臨安府趙與籌乞歸田里不允詔〉，收於《全宋文》卷 7491，冊 326，頁 97。《咸淳臨安志》卷 49，秩官 7，〈古今郡守表〉，4b～6a，頁 468～469。

註 117　《咸淳臨安志》卷 49，秩官 7，〈古今郡守表〉，6a～6b，頁 469。

註 118　《咸淳臨安志》卷 49，秩官 7，〈古今郡守表〉，6b，頁 469。

註 119　《咸淳臨安志》卷 49，秩官 7，〈古今郡守表〉，6b，頁 469。

註 120　《咸淳臨安志》卷 49，秩官 7，〈古今郡守表〉，7a，頁 470。（清）王崇炳，《金華徵獻略》（上海：上海古籍出版社，1997 年），卷 8，〈名臣傳二〉，30b～32a，收於《續修四庫全書》，冊 547，頁 145～146。

註 121　《咸淳臨安志》卷 49，秩官 7，〈古今郡守表〉，7a，頁 470。（清）王梓材輯，《宋元學案補遺》卷 34，〈文莊家學〉，87a，收於《叢書集成續編》，冊 249，頁 290。

註 122　《咸淳臨安志》卷 49，秩官 7，〈古今郡守表〉，7a～7b，頁 470；（宋）洪咨夔，〈兩浙轉運判官顏頤仲除戶部郎官兼知臨安府制〉，收於《全宋文》卷 6997，冊 306，頁 44。

註 123　《咸淳臨安志》卷 49，秩官 7，〈古今郡守表〉，7b，頁 470。

註 124　《咸淳臨安志》卷 49，秩官 7，〈古今郡守表〉，7b～8a，頁 470。《癸辛雜識》別集下，〈馬光祖〉，頁 300～301。

註 125　《咸淳臨安志》卷 49，秩官 7，〈古今郡守表〉，8a，頁 470。

註 126　《咸淳臨安志》卷 49，秩官 7，〈古今郡守表〉，8b，頁 470。

註 127　《咸淳臨安志》卷 49，秩官 7，〈古今郡守表〉，9a，頁 471。

註 128　《咸淳臨安志》卷 49，秩官 7，〈古今郡守表〉，9a～9b，頁 471。

註 129　《咸淳臨安志》卷 49，秩官 7，〈古今郡守表〉，9b，頁 471。

註 130　《咸淳臨安志》卷 49，秩官 7，〈古今郡守表〉，9b，頁 471。

註 131　《咸淳臨安志》卷 49，秩官 7，〈古今郡守表〉，10a，頁 471。（清）龔嘉儁，《民國杭州府志》（臺北，成文出版社，民國 63 年），卷 100，〈職官二·知臨安府事〉，頁 1939。

註 132　《咸淳臨安志》卷 49，秩官 7，〈古今郡守表〉，10a，頁 471。

註 133　（宋）劉克莊，〈洪壽權戶部侍郎兼知臨安府制〉，收於《全宋文》卷 7498，

冊 326，231。《咸淳臨安志》卷 49，秩官 7，〈古今郡守表〉，10a~10b，
頁 471。《齊東野語》卷 7，〈洪端明入冥〉，頁 126～129。

註 134　《咸淳臨安志》卷 49，秩官 7，〈古今郡守表〉，10b，頁 471。

註 135　（宋）劉克莊，〈賜高衡孫辭免除戶部侍郎兼知臨安府兼浙西安撫使恩命不
允詔〉，收於《全宋文》卷 7492，冊 326，頁 118。《咸淳臨安志》卷 49，
秩官 7，〈古今郡守表〉，10b，頁 471。

註 136　《咸淳臨安志》卷 49，秩官 7，〈古今郡守表〉，10b，頁 471。

註 137　（宋）劉克莊，〈馬光祖依舊觀文學士提領戶部財賦兼知臨安府制〉，收於
《全宋文》卷 7504，冊 326，頁 34；同書，〈馬光祖同知樞密院提領戶部
財用兼知臨安府制〉，頁 35；同書，〈賜馬光祖辭免依舊觀文殿學士除提
領戶部財用兼知臨安府恩命不允詔〉，頁 134；同書，卷 7493，〈賜觀文
殿學士光祿大夫提領戶部財用兼知臨安府浙西安撫使馬光祖辭免除同知
樞密院事兼提領戶部財用兼知臨安府兼太子賓客恩命不允詔〉，頁 137；
同書，卷 7495，〈賜馬光祖再辭免除同知樞密院兼提領戶部財用兼知臨安
府兼太子賓客恩命不允詔〉，頁 179。《咸淳臨安志》卷 49，秩官 7，〈古
今郡守表〉，10b～11a，頁 471～472。《宋史》卷 45，本紀 45，〈理宗五〉，
頁 881。

註 138　（宋）劉克莊，〈魏克愚除太府少卿兼知臨安府主管浙西安撫司公事制〉，
收於《全宋文》卷 7509，冊 326，頁 445。《咸淳臨安志》卷 49，秩官 7，
〈古今郡守表〉，11a，頁 472。（元）方回，《桐江集》（臺北：國立中央
圖書館，民國 59 年）卷 3，〈乙亥前上書本末〉，頁 430。

註 139　《咸淳臨安志》卷 49，秩官 7，〈古今郡守表〉，11a，頁 472。季鏞官至司
農卿兼戶部侍郎，見《宋史》卷 173，志 126，〈農田之制〉，頁 4181。

註 140　《咸淳臨安志》卷 49，秩官 7，〈古今郡守表〉，11a～11b，頁 472。

註 141　《咸淳臨安志》卷 49，秩官 7，〈古今郡守表〉，11b，頁 472。

註 142　（宋）馬廷鸞，〈顯謨閣侍制兩浙路轉運趙與訔特授尚書戶部侍郎兼知臨安
府制〉，收於《全宋文》卷 8179，冊 353，頁 345。《咸淳臨安志》卷 49，
秩官 7，〈古今郡守表〉，11b～12a，頁 472。

註 143　《咸淳臨安志》卷 49，秩官 7，〈古今郡守表〉，12a，頁 472。《宋史》卷
424，列傳 183，〈孫子秀傳〉，頁 12663～12665。（宋）黃震，《黃氏日抄》
（臺北：臺灣商務印書館，民國 72 年），卷 96，〈安撫顯謨少卿孫公行

狀〉，20b，收於《文淵閣四庫全書》，冊 708，頁 1033。

註 144　《咸淳臨安志》卷 49，秩官 7，〈古今郡守表〉，12a，頁 472。咸淳二年為
　　　　太府卿，見《咸淳臨安志》卷 50，秩官 8，〈兩浙轉運〉12a，頁 479。

註 145　《咸淳臨安志》卷 49，秩官 7，〈古今郡守表〉，12a～12b，頁 472。《宋史》
　　　　卷 450，列傳 209，〈李芾傳〉，頁 13253～13256。

註 146　《咸淳臨安志》卷 49，秩官 7，〈古今郡守表〉，12b，頁 472。

註 147　《咸淳臨安志》卷 49，秩官 7，〈古今郡守表〉，12b～13b，頁 472～473。

註 148　《咸淳臨安志》卷 49，秩官 7，〈古今郡守表〉，13b，頁 473。

註 149　《咸淳臨安志》卷 49，秩官 7，〈古今郡守表〉，14a，頁 473。

註 150　《咸淳臨安志》卷 49，秩官 7，〈古今郡守表〉，14a，頁 473。

註 151　《咸淳臨安志》卷 49，秩官 7，〈古今郡守表〉，14a～14b，頁 473。《宋史》
　　　　卷 46，本紀 46，〈度宗紀〉，頁 913、916。

註 152　《民國杭州府志》卷 100，〈職官二・知臨安府事〉，11b，頁 1939。《宋史》
　　　　卷 47，本紀 47，〈瀛國公紀〉，頁 926、928。

註 153　（元）袁桷，《清容居士集》（臺北：新文豐出版公司，民國 77 年），卷 33，
　　　　〈先大夫行述〉，10a，收於《四部叢刊初編》，冊 1421。沿海制置使、兼
　　　　知慶元府，見（宋）王應麟，《四明文獻集》（張氏約園刊本）卷 5，〈趙
　　　　孟傳特受華文閣直學士沿海制置使知慶元府誥〉，16a～6b，收於《四明
　　　　叢書》第 1 集，冊 21。（清）吳廷燮，《南宋制撫年表》（北京：中華書
　　　　局，1984 年），卷上，頁 420。

註 154　（宋）王應麟，〈家鉉翁依前直華文閣樞密副都承旨特授知臨安府浙西安撫
　　　　使誥〉，收於《全宋文》卷 8195，冊 354，頁 187。《民國杭州府志》卷
　　　　100，〈職官二・知臨安府事〉，12a，頁 1939。《宋史》卷 47，本紀 47，
　　　　〈瀛國公紀〉，頁 938。

註 155　《宋史》卷 47，本紀 47，〈瀛國公紀〉，頁 937、938。完整履歷，參照（宋）
　　　　文天祥，〈宋少保右丞相兼樞密使信國公文山先生紀年錄〉，收於吳洪澤、
　　　　尹波等編，《宋人年譜叢刊》，冊 12，頁 7987～8024。

註 156　《宋史》卷 47，本紀 47，〈瀛國公紀〉，頁 938。

註 157　（元）劉一清撰，王瑞來箋證考原，《錢塘遺事校箋考原》，卷 8，〈京城歸
　　　　附〉，頁 295；又見不著撰人，王瑞來箋證，《宋季三朝政要箋證》，卷 5，
　　　　少帝德祐二年二月乙卯條，頁 437。

　　※另有爭議 2 人，皆在宋末，分別是洪起畏與陳文龍。

　　1. 洪起畏知臨安府，未見於《咸淳志》，而見於《宋史》，參見《宋史》卷 451，列傳 210，〈陳文龍傳〉，頁 13278。

　　2. 陳文龍知臨安府，只見於《民國杭州府志》，參見《民國杭州府志》卷 100，〈職官二‧知臨安府事〉，11b，頁 1939。

附表2：南宋臨安知府任職形式表

編號	皇帝	年號	知府	任職型態	兼任職官	所兼職為中央/地方官	附註
1	宋高宗	建炎	康允之	×			
2			季陵	×			
3			胡舜陟	×			
4			李光	○	戶	中央	
5		紹興	孫覿	×			
6			徐康國	×			
7			席益	×			
8			宋煇	×			
9			盧知原	×			
10			梁汝嘉	×			
11			汪思溫	○	府	中央	
12			李謨	×			
13			呂頤浩	×			
14			張澄	×			
15			蔣璨	×			
16			張匯	×			
17			俞俟	×			
18			王映	×			
19			張叔獻	×			
20			張澄	×			
21			沈該	×			
22			趙不棄	×			
23			湯鵬舉	×			
24			宋貺	○	戶	中央	
25			趙士彩	○	運	地方	
26			曹泳	△	戶	中央	
27			韓仲通	○	刑、戶	中央	
28			榮薿	×			
29			張俏（秀安）	×			

30			趙子潚	×			
31			錢端禮	×			
32			黃仁榮	×			
33			錢端禮	○	戶	中央	
34			趙子潚	△	戶	中央	
35	宋孝宗	隆興	林安宅	×			
36			陳輝	○	運	地方	
37			黃仁榮	×			
38			吳芾	×			
39			薛良朋	×			
40		乾道	王炎	×			
41			周淙	×			
42			姚憲	×			
43			胡昉	×			
44			韓彥古	◎	理	中央	
45			莫濛	○	理	中央	
46			皇太子領尹，晁公武領少尹	×			
47			沈复	○	工	中央	
48			姚憲	○	工	中央	
49			莫濛	○	工	中央	
50		淳熙	沈度	○	兵	中央	皇太子免尹
51			胡與可	×			
52			趙彥操	○	府、戶	中央	
53			韓彥直	○	工	中央	
54			李椿	○	農	中央	
55			趙磻老	△	工	中央	
56			吳淵	○	工	中央	
57			王佐	○	工	中央	
58			韓彥質	○	府	中央	
59			張构	△	兵	中央	
60			韓彥質	○	兵	中央	

61			趙不流	△	工	中央	
62			景秉	×			
63	宋光宗	紹熙	張杓	○	兵	中央	
64			潘景珪	○	工	中央	
65			謝深甫	×			
66			袁說友	△	府	中央	
67			王厚之	×			
68			蔡戡	○	農	中央	
69	宋寧宗	慶元	徐誼	○	工	中央	
70			錢象祖	○	工	中央	
71			謝源明	○	府、兵	中央	
72			王溉	○	府、工	中央	
73			趙師䆊	○	農、工、戶	中央	
74			丁逢	○	農	中央	
75			朱晞顏	○	工	中央	
76		嘉泰	趙善堅	○	農、工	中央	
77			丁常任	○	農	中央	
78			李澄	○	軍、府	中央	
79			陳景思	○	運	地方	
80			王補之	○	府	中央	
81		開禧	趙師䆊	○	工、戶	中央	
82			趙彥勵	○	工	中央	
83			趙善防	×			
84			廖俣	○	農	中央	
85			趙師䆊	○	工	中央	
86			史彌堅	○	運	地方	
87			趙善堅	○	工	中央	
88			史彌堅	○	府	中央	
89		嘉定	趙善宣	×			
90			趙師石	△	府	中央	

91			黃犖	○	運	地方	
92			徐邦憲	○	工	中央	
93			趙師羃	○	兵	中央	
94			王柟	○	將、府	中央	
95			趙時侃	△	農	中央	
96			王柟	△	府	中央	
97			章良肱	○	運	地方	
98			程覃	×			
99			陳廣壽	○	農、府	中央	
100	宋理宗	寶慶 紹定	袁韶	○	軍、農、府、戶	中央	
101			趙立夫	○	府	中央	
102			袁韶	○	樞	中央	
103			林介	○	運、府	地方、中央	
104			余天錫	○	戶	中央	
105		端平	余鑄	○	戶	中央	
106			袁肅	○	府	中央	
107			趙立夫	○	府、戶	中央	
108			顏頤仲	○	運、左曹郎中、將、府	地方、中央	
109		嘉熙	趙與懽	○	戶、兵	中央	
110			史岩之	○	府、刑、戶、兵	中央	
111			趙與懃	○	農	中央	
112			趙與懽	○	吏	中央	
113			吳潛	○	吏	中央	
114		淳祐	趙與懽	○	提領戶部財用	中央	予執政恩例
115			趙與籌	○	農、刑、兵、戶、吏、提領國用所、浙西提舉、提領戶部財用	中央	予執政恩例

116		余天任	○	運、戶	地方、中央	
117		余晦	○	將、權發遣戶部判官公事	中央	
118		翁甫	○	運、權發遣戶部判官公事、府	地方、中央	
119	寶祐	厲文翁	○	軍、府、權發遣戶部判官公事	中央	
120		曾穎茂	○	將	中央	
121		顏頤仲	○	刑、戶	中央	
122		王克仁	○	運	地方	
123		馬光祖	○	戶	中央	
124		王克仁	○	戶	中央	
125		徐槃	○	戶、吏	中央	
126	開慶	顧嵒	○	軍、權發遣戶部判官公事、府、戶、吏	中央	
127		何夢祥	○	農	中央	
128	景定	葉隆禮	○	軍	中央	
129		厲文翁	△	提領戶部財賦	中央	執政恩例
130		陶熾	○	運	地方	
131		余晦	○	戶	中央	
132		洪燾	○	運、戶	地方、中央	
133		趙與訔	◎	運	地方	
134		高衡孫	○	刑、戶	中央	
135		魏克愚	○	運	地方	
136		馬光祖	○	提領戶部財用、樞、太子賓客	中央	
137		魏克愚	○	府	中央	
138		季鏞	○	運	地方	
139		吳革	○	權發遣戶部判官、農	中央	

140			劉良貴	○	農	中央	
141	宋度宗	咸淳	趙與訔	○	運、戶	地方、中央	
142			孫子秀	○	常、右司、農	中央	
143			胡太初	○	運	地方	
144			李芾	○	將、農	中央	
145			洪焘	○	刑、戶	中央	
146			潛說友	○	農、戶、運	中央、地方	
147			趙與稙	○	運、戶部判官	地方、中央	
148			吳益	○	運、戶部判官	地方、中央	
149			朱浚	○	運	地方	
150			黃萬石	○	戶	中央	
151	宋恭帝	德祐	曾淵子	○	樞	中央	
152			趙孟傳				
153			家鉉翁	○	戶	中央	
154			文天祥	×			
155			賈餘慶	○	樞	中央	
156			翁仲德				

各兼職人次統計如下：

1. 浙西轉運司：23 人次
2. 將作監：5 人次
3. 軍器監：5 人次
4. 司農寺：18 人次
5. 太府寺：26 人次
6. 太常寺：1 人次
7. 大理寺：1 人次。
8. 工部：20 人次
9. 刑部：6 人次
10. 兵部：9 人次
11. 戶部：41 人次
12. 吏部：5 人次
13. 樞密院：4 人次
正任：43 人次

　　※就任型態以三種符號表示，兼任職官中以「職」表示，安撫司、勸農使為例兼，故不列入。

　　×：未兼任任何職官

　　○：有兼任職官

　　◎：兼任後在任期中免兼

　　△：未兼任就職，而在任期中兼任

　　職：兼任的職官單位，如兩這路轉運司為「運」，戶部尚書、侍郎為「戶」，太府卿、少卿為「府」，將作監為「將」，執政官為「樞」，特殊情況會列出職官名。

附表 3：南宋臨安知府遷轉路徑表

編號	皇帝	年號	知府	任次	就任前	就任	離任
1	宋高宗	建炎	康允之	1	直龍圖閣知杭州	徽猷閣待制	棄城遁保赭山。
2			季陵	1	朝奉郎	徽猷閣待制	為中書舍人。
3			胡舜陟	1	朝奉大夫、提舉江州太平觀	徽猷閣待制	丁憂。
4			李光	1	右文殿修撰	徽猷閣待制	徙知洪州。
5		紹興	孫覿	1	朝奉郎、提舉江州太平觀（宮）	龍圖閣待制	提舉江州太平觀。
6			徐康國	1	兩浙轉運副使	權發遣兩浙轉運副使兼知	待席益到任交割。
7			席益	1	集英殿修撰、新知溫州	集英殿修撰	徙知衢州。
8			宋輝	1	朝議大夫、直龍圖閣、發運副使	祕閣修撰	除宮祠。
9			盧知原	1	右文殿修撰、江淮荊浙都督府參謀官	徽猷閣待制	提舉江州太平觀。
10			梁汝嘉	1	直祕閣、兩浙轉運副使	直龍圖閣	除戶部侍郎（巡幸隨駕都轉運使）。
11			汪思溫	1	太府少卿	太府少卿兼知	免兼。
12			李諤	1	直寶文閣、知鎮江府	左中奉大夫直寶文閣	移鎮江府。
13			呂頤浩	1	鎮南軍節度使、開府儀同三司、荊湖南路安撫制置大使兼知潭州	兩浙西路安撫制置大使兼知	移知鎮江府。

14		張澄	1	直龍圖閣知建康府	右朝請大夫集英殿修撰	除戶部侍郎。
15		蔣璨	1	直龍圖閣、兩浙路運副	右中奉大夫直龍圖閣	復為浙漕副。
16		張匯	1	右朝散大夫、直祕閣、兩浙路運副	右朝散大夫直祕閣	復為浙漕副。
17		俞俟	1	右朝請大夫、直祕閣、知揚州	祕閣修撰	提舉江州太平觀。
18		王晚	1	右中大夫、集英殿修撰、兩浙路運副	敷文閣待制	除工部侍郎。
19		張叔獻	1	直龍圖閣、兩浙路運副	右朝奉郎、直龍圖閣	改知紹興府。
20		張澄	2	龍圖閣學士、右宣奉大夫、知紹興府	龍圖閣學士、右宣奉大夫	改知溫州。
21		沈該	1	左朝散大夫、直祕閣、兩浙路運判	左朝散大夫直祕閣	除權禮部侍郎。
22		趙不棄	1	右中奉大夫、權工部侍郎	敷文閣待制	除工部侍郎。
23		湯鵬舉	1	左中奉大夫、直祕閣、兩浙路運判	直敷文閣	除司農卿。
24		宋昩	1	右通奉大夫權戶部侍郎	右通奉大夫權戶部侍郎兼知	罷任。
25		趙士粲	1	左朝請大夫兩浙路運判	左朝請大夫兩浙運判兼知	改知紹興府。
26		曹泳	1	右朝請大夫、直顯謨閣	右朝請大夫直顯謨閣	勒停，新州安置。

27			韓仲通	1	右通奉大夫、權刑部尚書、兼詳定一司勑令	右通奉大夫、權刑部尚書、兼詳定一司勑令兼權知	改知廣州。
28			榮薿	1	右朝請大夫知常州	直祕閣	除權戶部侍郎。
29			張俌（秀安）	1	右朝議大夫直祕閣、兩浙路運判	右朝議大夫直祕閣	改知明州。
30			趙子瀟	1	左朝請大夫、直祕閣、權發遣兩浙路計度運副	直敷文閣	除戶部侍郎。
31			錢端禮	1	右中大夫、充祕閣修撰、兩浙路計度運副	右文殿修撰	除戶部侍郎。
32			黃仁榮	1	右中奉大夫、直祕閣、兩浙路計度運副	直敷文閣	丁母憂。
33			錢端禮	2	太中大夫、權戶部侍郎	太中大夫、權戶部侍郎兼權知	罷任。
34	宋孝宗	隆興	趙子瀟	2	左朝議大夫、權戶部侍郎	敷文閣待制	罷任。
35			林安宅	1	左朝請大夫、尚書左司郎中	直顯謨閣	差主管台州崇道觀。
36			陳輝	1	右朝請大夫、直祕閣、兩浙路運副	直祕閣兩浙運副兼知	改知湖州。
37			黃仁榮	2	右中奉大夫、直敷文閣、兩浙運副	右中奉大夫、直敷文閣	放罷，坐盜賊累限不獲故也。
38			吳芾	1	左朝議大夫、試吏部侍郎	敷文閣直學士	復為吏部侍郎。

39		薛良朋	1	兩浙路運副	左朝奉大夫直顯謨閣	除權工部侍郎。
40	乾道	王炎	1	右朝奉大夫、兩浙路運副	直敷文閣	改知荊南府。
41		周淙	1	右朝請大夫、直龍圖閣、兩浙路運副	右朝請大夫直龍圖閣	升工部侍郎。
42		姚憲	1	右朝散郎、直祕閣、兩浙路運判	直敷文閣	除司農少卿提領戶部犒賞酒庫。
43		胡昉	1	右通直郎、直祕閣、兩浙運判	直敷文閣	致仕。
44		韓彥古	1	右朝請郎、試大理少卿	右朝請郎、試大理少卿兼知	改除右司郎中。
45		莫濛	1	右中大夫、行大理少卿、兼詳定一司勅令	右中大夫、行大理少卿、兼詳定一司勅令暫兼知	以皇太子領尹，罷權。
46		皇太子領尹，晁公武領少尹	1	左朝議大夫、敷文閣直學士（知揚州）	敷文閣直學士、左朝議大夫	罷任。
47		沈复	1	左朝請郎、直龍圖閣、兩浙運副	權工部侍郎兼少尹	除權戶部侍郎。
48		姚憲	2	朝請大夫、權戶部侍郎	權工部侍郎兼少尹	工部侍郎、賜同進士出身、尋擢左諫議大夫。
49		莫濛	2	中大夫、試大理卿	權工部侍郎兼少尹	以言者罷。
50		沈度	1	兩浙路計度運副	朝散大夫、權兵部侍郎兼	皇太子免尹，知府、通判以下復置。

	淳熙				少尹、試兵部侍郎兼知	寢罷職名指揮。
51		胡與可	1	朝請郎、戶部員外郎、淮東總領	直敷文閣	改除宮觀。
52		趙彥操	1	朝奉郎、太府少卿、兼權戶部侍郎	權戶部侍郎兼知	除太府卿兼權戶部侍郎。
53		韓彥直	1	朝議大夫、敷文閣學士（戶部尚書）	工部尚書兼知	罷兼。
54		李椿	1	朝奉郎、試司農卿	朝奉郎、試司農卿兼知	罷兼。
55		趙磻老	1	朝散郎、直祕閣、兩浙運副	直敷文閣	以失於彈壓，又不能收捕首先聚眾作鬧之人，亦放罷。
56		吳淵	1	承議（直）郎、權戶部侍郎	權工部侍郎兼知	除敷文閣學士在外宮觀。
57		王佐	1	朝議大夫、顯謨閣待制、知平江府	太府卿兼知	除權戶部尚書。
58		韓彥質	1	奉直大夫、太府少卿、淮西總領	太府卿兼知	除權戶部侍郎。
59		張构	1	承議郎、直徽猷閣、兩浙路計度運副	承議郎、直徽猷閣	改知鎮江府。
60		韓彥質	2	朝議大夫、試戶部侍郎	試兵部侍郎兼知	除徽猷閣直學士在京宮觀。
61		趙不流	1	中奉大夫、直寶文閣、兩浙運副	直龍圖閣	罷任。

62			景秉	1	朝請郎、祕閣修撰、兩浙路運副	朝請郎、祕閣修撰	除宗正少卿。
63	宋光宗	紹熙	張枸	2	試戶部侍郎、兼吏部侍郎	權兵部尚書兼知	免兼。
64			潘景珪	1	兩浙路運副	權工部侍郎兼知	出知明州。
65			謝深甫	1	朝散大夫、起居郎、兼權給事中	直寶文閣	除權工部侍郎。
66			袁說友	1	中奉大夫、行右司郎中	直顯謨閣	除權戶部侍郎。
67			王厚之	1	朝奉大夫、直祕閣、兩浙路運判	直顯謨閣	放罷。
68			蔡戡	1	朝請大夫、試司農卿	朝散大夫試司農卿兼知	司農卿兼權戶部侍郎湖廣總領。
69	宋寧宗	慶元	徐誼	1	朝請郎、檢正、兼權刑部侍郎	權工部侍郎兼知	放罷。
70			錢象祖	1	奉直大夫、檢正	權工部侍郎兼知	除工部侍郎。
71			謝源明	1	朝請大夫、直煥章閣、浙東提刑	太府少卿兼知	除中書舍人。
72			王溉	1	朝請大夫、直祕閣、兩浙路運判	太府少卿兼知	除權兵部侍郎。
73			趙師𥊍	1	中奉大夫、直寶文閣、兩浙路運副	司農卿兼知	以母病,除華文閣待制知鎮江府。
74			丁逢	1	軍器監	中奉大夫、行司農少卿兼知	放罷,與宮觀。

75		朱晞顏	1	江東總領	太中大夫、權工部侍郎、兼實錄院同修撰兼知	免兼
76	嘉泰	趙善堅	1	中奉大夫、直敷文閣、兩浙運副	司農卿兼知 朝請大夫、司農少卿兼刪修敕令官兼知	與宮觀。
77		丁常任	1	太上皇帝遺留禮信使	司農卿兼知	免兼
78		李澄	1	行宗正丞、兼權金部郎官、兼刪修敕令官	軍器少監兼知	除權兵部侍郎。
79		陳景思	1	權兩浙運判	權兩浙運判暫兼權	免兼
80		王補之	1	奉直大夫、試太府卿、淮西總領	太府卿兼知	與宮觀。
81	開禧	趙師㠣	2	太中大夫、權工部尚書	太中大夫、權工部尚書兼知	放罷。
82		趙彥勵	1	太府卿	試工部侍郎兼詳定敕令官兼知	放罷。
83		趙善防	1	朝奉大夫尚書右司郎中	直寶謨閣權發遣府事	改除福建路運判。
84		廖俣	1	兩浙路運判	司農少卿兼知	除司農卿兼樞密院副都承旨
85		趙師㠣	3	寶謨閣學士、太中大夫、新知廬州	工部尚書兼知	放罷。

86		史彌堅	1	朝散郎、直寶謨閣、兩浙路運判	暫兼權	免兼。
87		趙善堅	2	通奉大夫、寶謨閣待制、知慶元府	工部侍郎兼知	除權工部尚書。
88		史彌堅	2	朝奉大夫、直寶謨閣、兩浙路運副	太府卿兼知	除權兵部侍郎。
89	嘉定	趙善宣	1	朝請大夫工部郎中	直華文閣權知	放罷。
90		趙師石	1	朝散大夫、知婺州	直寶謨閣改知	依舊太府少卿免兼
91		黃犖	1	朝散郎、直顯謨閣、兩浙路運判	暫兼權	免兼
92		徐邦憲	1	宗正少卿兼太子侍讀	權工部侍郎兼知	免兼。
93		趙師𥪡	4	寶謨閣直學士、正議大夫、提舉隆興府玉隆萬壽觀	兵部侍郎兼知	免兼。
94		王柟	1	中奉大夫、行尚書吏部郎中兼右司郎官	將作監兼知	丁母憂。
95		趙時侃	1	朝散郎、守尚書戶部郎中	直煥章閣權知	兼權工部侍郎免兼。
96		王柟	2	中奉大夫、祕閣修撰、新知鎮江府	右文殿修撰	除太府卿兼知，後免兼。
97		章良肱	1	朝散郎、直寶謨閣、兩浙路運判	暫兼知	升直顯謨閣、運副，後免兼。
98		程覃	1	朝請大夫、大理少卿	直徽猷閣權知	除司農卿免兼。
99		陳廣壽	1	金部郎中	中大夫行司農少卿兼知	太府卿、兼玉牒所檢討官免兼。

100	宋理宗	寶慶	袁韶	1	朝奉大夫、軍器少監、兼樞密院檢詳諸房文字、兼玉牒所檢討官	軍器少監兼知	除同知樞密院事。
101		紹定	趙立夫	1	尚書右司郎中	太府少卿兼知	除太府卿兼刪修勅令官。
102			袁韶	2	同知樞密院事	資政殿學士、浙西安撫制置使兼知	除職與郡（罷政歸）
103			林介	1	中大夫、祕閣修撰、兩浙路計度運副	暫兼權	除太府卿、兼刪修勅令官兼知，後降一官罷。
104			余天錫	1	權吏部侍郎、兼玉牒所檢討官、兼崇政殿說書	試戶部侍郎、兼同詳定勅令官兼知	除戶部尚書、兼檢正、兼詳定勅令官免兼。
105		端平	余鑄	1	中書舍人、兼國史院編修官、實錄院檢討官、兼檢正	戶部侍郎兼知、兼同詳定勅令官	除吏部侍郎。
106			袁肅	1	右司郎官、兼樞密副都承旨	太府少卿兼知	免兼。
107			趙立夫	2	祕閣修撰、樞密都承旨、兼刪修勅令官	太府卿兼知、仍兼刪修勅令官	升權戶部侍郎，兼職依舊，後免兼。
108			顏頤仲	1	直祕閣兩浙路運判暫兼知	直祕閣兩浙路運判暫兼知	除左曹郎中、將作監、太府少卿仍兼知，後免兼。
109		嘉熙	趙與懽	1	（宗正少卿兼）權戶部侍郎、兼檢正	權戶部侍郎兼知	除戶部尚書免兼。
110			史岩之	1	祕書少監、兼國史院編修官、實錄院檢討官、兼崇政殿說書	太府卿兼知	除權戶部尚書兼侍講免兼。

111		趙與懃	1	尚書右司郎中、兼樞密副都承旨、兼刪修勅令官	司農卿兼知	司農卿兼樞密都承旨免兼。
112		趙與懽	2	試吏部尚書、兼修玉牒官、兼侍讀	端明殿學士	提舉萬壽觀提領戶部財用。
113		吳潛	1	工部尚書	兼吏部尚書兼知	工部尚書、兼吏部尚書、兼侍讀免兼。
114	淳祐	趙與懽	3	端明殿學士、提舉萬壽觀、提領戶部財用兼修國史實錄院修撰、兼侍讀	端明殿學士、特與執政恩例	資政殿學士、提舉萬壽觀、監修國史實錄院、兼侍讀、奉朝請。
115		趙與籌	1	中大夫、中書門下省檢正諸房公事	司農卿兼知	特與執政恩例、觀文殿學士、知紹興府、浙東安撫使。
116		余天任	1	集英殿修撰、兩浙運副	兩浙運副暫兼權	除權工部侍郎免兼。
117		余晦	1	右司郎中	將作監兼知	除大理少卿。
118		翁甫	1	直祕閣、兩浙運副	兩浙運副暫兼知	除太常少卿、暫兼權直舍人院、兼資善堂翊善。
119	寶祐	厲文翁	1	通直郎、金部郎官、兼樞密院檢詳諸房文字	軍器監暫兼知	除太府卿、暫兼權戶部侍郎。
120		曾穎茂	1	中奉大夫、守將作監	暫兼權知	除大理少卿。
121		顏頤仲	2	太中大夫、守刑部侍郎兼權兵部尚書	權刑部尚書兼知	除吏部尚書免兼。
122		王克仁	1	集英殿修撰、兩浙計度運副	寶章閣待制、兩浙轉運使兼知	免兼。

123		馬光祖	1	中奉大夫、守司農卿、淮西總領	權戶部侍郎兼知	外調沿江制置使、江東安撫使、知建康府。
124		王克仁	2	朝奉大夫、保章閣待制、兩浙路計度轉運使暫兼權刑部侍郎	兩浙路計度轉運使暫兼權戶部侍郎暫兼知	除職與待次州郡。
125		徐槃	1	太中大夫、集英殿修撰、兩浙計度運副、暫兼權戶部侍郎	權戶部侍郎兼知	除吏部尚書免兼知。
126	開慶	顧嵒	1	朝請郎、左曹郎官	軍器監兼權發遣戶部判官公事兼知	除吏部侍郎。
127		何夢祥	1	朝奉大夫、直華文閣、荊湖南路提點刑獄公事	司農卿兼知	外調知紹興府。
128	景定	葉隆禮	1	朝散郎、直祕閣、兩浙運判	軍器少監兼知	外調知紹興府。
129		厲文翁	2	朝散大夫、權戶部尚書、兼樞密都承旨	端明殿學士、兩浙制置使兼知	免兼知,仍提舉戶部財賦。
130		陶燧	1	直華文閣、兩浙運判	兩浙運判暫兼權	除大理少卿。
131		余晦	2	太中大夫、寶章閣待制、知慶元府、兼沿海制置使	戶部侍郎兼知	罷。
132		洪燾	1	朝奉大夫、祕閣修撰、兩浙運副	兩浙運副兼知	除戶部侍郎,後免兼。
133		趙與訔	1	兩浙運使	兩浙運使暫兼	除樞密院都承旨,免兼。
134		高衡孫	1	太中大夫、刑部侍郎	暫兼知	免兼。

		魏克愚	1	兩浙運判	兩浙運判暫兼知	除軍器監。
135						
136		馬光祖	2	觀文殿學士、提領戶部財用	兼知	出為知福州、兼福建安撫使。
137		魏克愚	2	兩浙運副	太府少卿兼知	罷。
138		季鏞	1	直龍圖閣、兩浙運副	暫兼權知	免兼。
139		吳革	1	權發遣戶部判官	兼知	升司農少卿、兼戶部判官、兼敕令所刪修官，除司農卿兼知，後罷。
140		劉良貴	1	中大夫、行左司郎官	司農少卿兼知	外調。
141	宋度宗 咸淳	趙與訔	2	通議大夫、顯謨閣待制、兩浙運使、暫權戶部侍郎	暫兼知	升戶部侍郎兼知，後致仕。
142		孫子秀	1	太常少卿兼右司	暫兼權知	除司農卿兼知，後放罷。
143		胡太初	1	中大夫、直敷文閣、兩浙路運判	暫權知	免兼。
144		李芾	1	朝散大夫、直祕閣、浙西提刑兼提舉	將作監兼知，後兼敕令所刪修官	除司農少卿仍兼知，後放罷。
145		洪燾	2	太中大夫、權行部尚書、兼中書檢正諸房公事	權刑部尚書兼知	除吏部尚書。
146		潛說友	1	朝散郎、直華文閣、兩浙運副	司農少卿兼知	放升權戶部尚書、兼詳定勅令官兼知，後放罷。
147		趙與植	1	朝散郎、直華文閣、兩浙路運副	朝散郎、直華文閣、兩浙路運副暫兼權	外調。

148			吳益	1	朝散郎、直寶文閣、權發遣兩浙路運判	暫兼權	除太府卿兼戶部判官，後免兼。
149			朱浚	1	朝散郎、直祕閣、權發遣兩浙路運判	暫兼權	免兼。
150			黃萬石	1	朝奉大夫、顯文閣直學士	權戶部尚書兼知、兼勅令所詳定官	調湖南安撫使。
151	宋恭帝	德祐	曾淵子	1	不明	不明	遁逃。
152			趙孟傳	1	不明	不明	華文閣直學士、沿海制置使、知慶元府。
153			家鉉翁	1	知建寧府兼福建運副	權戶部侍郎兼知	為祈請使。
154			文天祥	1	知平江府	不明	升右丞相兼樞密使、都督。
155			賈餘慶	1	不明	不明	為祈請使。
156			翁仲德	1	不明	不明	不明。

附表 4：南宋臨安知府遷轉表

編號	知府	任次	就任前官職	就任知府官職	離任後官職	卿監	從官	執政	宰相	註記
1	康允之	1	直龍圖閣知杭州	徽猷閣待制	棄城遁保赭山→停官（朝請大夫）					註 1
2	季陵	1	朝奉郎	徽猷閣待制	中書舍人	✓	✓			註 2
3	胡舜陟	1	朝奉大夫、提舉江州太平觀	徽猷閣待制	丁憂					註 3
4	李光	1	右文殿修撰	徽猷閣待制	知洪州、與祠	✓	✓	✓		註 4
5	孫覿	1	朝奉郎、提舉江州太平觀（宮）	龍圖閣待制	提舉江州太平觀		✓			註 5
6	徐康國	1	兩浙轉運副使	權發遣兩浙轉運副使兼知	兩浙轉運副使					註 6
7	席益	1	集英殿修撰、新知溫州	集英殿修撰	知衢州		✓	✓		註 7
8	宋輝	1	直徽猷閣、江淮發運副使兼軍前糧料使	直龍圖閣、知臨安府→秘閣修撰	罷，與祠→落職					
9	盧知原	1	江淮荊浙都督府參謀官	充徽猷閣待制、知臨安府	與祠					註 8
10	梁汝嘉	1	浙漕判官	浙漕副使兼知臨安府→直龍圖閣知臨安府→徽猷閣待制→戶部侍郎兼知臨安府→顯謨閣直學士→兼浙西安撫使	戶部侍郎兼隨駕都轉運使兼浙西沿海制置使		✓			註 9
11	汪思溫	1	太府少卿	太府少卿兼知	太府少卿免兼	✓				
12	李謨	1	直寶文閣、知鎮江府	左中奉大夫、直寶文閣	移鎮江府					

13	呂頤浩	1	湖南安撫、制置大使兼知潭州	少保、浙西安撫制置大使、知臨安府、行宮留守	知鎮江府	✓	✓	✓	✓	
14	張澄	1	直龍圖閣、知建康府	右朝請大夫、集英殿修撰→徽猷閣待制	戶部侍郎		✓			註10
		2	龍圖閣學士、右宣奉大夫、知紹興府	龍圖閣學士、右宣奉大夫→端明殿學士、慶遠軍節度使	知溫州					
15	蔣璨	1	直龍圖閣、兩浙路運副	右中奉大夫、直龍圖閣	復為浙漕運副					
16	張匯	1	右朝散大夫、直祕閣、兩浙路運副	右朝散大夫、直祕閣	復為浙漕運副	✓				註11
17	俞俟	1	右朝請大夫、直祕閣、知揚州	祕閣修撰	提舉江州太平觀					
18	王晚	1	右中大夫、集英殿修撰、兩浙路運副	敷文閣待制	工部侍郎		✓			
19	張叔獻	1	直龍圖閣、兩浙路運副	右朝奉郎、直龍圖閣	知紹興府					
20	沈該	1	左朝散大夫、直祕閣、兩浙路運判	左朝散大夫、直祕閣	權禮部侍郎		✓	✓		註12
21	趙不棄	1	右中奉大夫、權工部侍郎	敷文閣待制	工部侍郎		✓			
22	湯鵬舉	1	左中奉大夫、直祕閣、兩浙路運判	直敷文閣	司農卿	✓	✓	✓		註13
23	宋貺	1	右通奉大夫、權戶部侍郎	右通奉大夫、權戶部侍郎兼知	罷		✓			
24	趙士彩	1	左朝請大夫、兩浙路運判	左朝請大夫、兩浙運判兼知	知紹興府					
25	曹泳	1	右朝請大夫、直顯謨閣	右朝請大夫、直顯謨閣	勒停，新州安置		✓			

26	韓仲通	1	右通奉大夫、權刑部尚書、兼詳定一司勅令	右通奉大夫、權刑部尚書、兼詳定一司勅令兼權知	知廣州		✓			
27	榮薿	1	右朝請大夫、知常州	直祕閣	權戶部侍郎		✓			
28	張偁（秀安）	1	右朝議大夫直祕閣、兩浙路運判	右朝議大夫、直祕閣	知明州					
29	趙子潚	1	左朝請大夫、直祕閣、權發遣兩浙路計度運副	直敷文閣	戶部侍郎		✓			
		2	左朝議大夫、權戶部侍郎	敷文閣待制	罷					
30	錢端禮	1	右中大夫、右祕閣修撰、兩浙路計度運副	右文殿修撰	戶部侍郎	✓	✓	✓		註14
31	黃仁榮	1	右中奉大夫、直祕閣、兩浙路計度運副	直敷文閣	丁母憂					
		2	右中奉大夫、直敷文閣、兩浙運副	右中奉大夫、直敷文閣	放罷					
32	林安宅	1	左朝請大夫、尚書左司郎中	直顯謨閣	差主管台州崇道觀		✓	✓		註15
33	陳輝	1	右朝請大夫、直祕閣、兩浙路運副	直祕閣、兩浙運副兼知	知湖州					
34	吳芾	1	左朝議大夫、試吏部侍郎	敷文閣直學士	吏部侍郎		✓			註16
35	薛良朋	1	兩浙路運副	左朝奉大夫直顯謨閣	權工部侍郎		✓			註17
36	王炎	1	右朝奉大夫、兩浙路運副	直敷文閣	知荊南府		✓	✓		註18
37	周淙	1	右朝請大夫、直龍圖閣、兩浙路運副	右朝請大夫直龍圖閣	工部侍郎		✓			註19

38	姚憲	1	右朝散郎、直祕閣、兩浙路運判	直敷文閣	司農少卿、提領戶部犒賞酒庫		✓	✓		註20
		2	朝請大夫、權戶部侍郎	權工部侍郎兼少尹	工部侍郎、賜同進士出身、尋擢左諫議大夫					
39	胡昉	1	右通直郎、直祕閣、兩浙運判	直敷文閣	致仕					
40	韓彥古	1	右朝請郎、試大理少卿	右朝請郎、試大理少卿兼知	右司郎中	✓	✓			註21
41	莫濛	1	右中大夫、行大理少卿、兼詳定一司勑令	右中大夫、行大理少卿、兼詳定一司勑令暫兼知	以皇太子領尹，罷權→假工部尚書、賀正旦使	✓	✓			註22
		2	中大夫、試大理卿	權工部侍郎兼少尹	以言者罷→知鄂州					
42	晁公武	1	左朝議大夫、敷文閣直學士（知揚州）	敷文閣直學士、左朝議大夫	罷		✓			註23
43	沈复	1	左朝請郎、直龍圖閣、兩浙運副	權工部侍郎兼少尹	權戶部侍郎		✓	✓		註24
44	沈度	1	兩浙路計度運副	朝散大夫、權兵部侍郎兼少尹→試兵部侍郎兼知	罷		✓			註25
45	胡與可	1	朝請郎、戶部員外郎、淮東總領	直敷文閣	與祠					
46	趙彥操	1	朝奉郎、太府少卿、兼權戶部侍郎	朝奉郎、知臨安府→權戶部侍郎、兼知臨安府→朝散郎→朝請郎→朝奉大夫	太府卿兼權戶部侍郎		✓			
47	韓彥直	1	朝議大夫、敷文閣學士（戶部尚書）	工部尚書兼知	罷兼		✓			註26

48	李椿	1	朝奉郎、試司農卿	朝奉郎、試司農卿兼知	罷兼	✓	✓			註27
49	趙磻老	1	朝散郎、直祕閣、兩浙運副	直敷文閣→直徽猷閣→朝奉大夫→祕閣修撰→權工部侍郎兼知	罷，謫居饒州		✓			註28
50	吳淵	1	承議（直）郎、權戶部侍郎	權工部侍郎兼知	敷文閣學士、與祠		✓			
51	王佐	1	朝議大夫、顯謨閣待制、知平江府	太府卿兼知	權戶部尚書	✓	✓			註29
52	韓彥質	1	奉直大夫、太府少卿、淮西總領	太府卿兼知	權戶部侍郎	✓	✓			
		2	朝議大夫、試戶部侍郎	試兵部侍郎兼知	徽猷閣直學士、與祠					
53	張构	1	承議郎、直徽猷閣、兩浙路計度運副	承議郎、直徽猷閣→直龍圖閣→權兵部侍郎兼知	知鎮江府		✓			
		2	試戶部侍郎、兼吏部侍郎	權兵部尚書兼知	免兼					
54	趙不流	1	中奉大夫、直寶文閣、兩浙運副	直龍圖閣權知→權工部侍郎兼知	罷		✓			
55	景秉	1	朝請郎、祕閣修撰、兩浙路運副	朝請郎、祕閣修撰、兩浙路運副	宗正少卿					
56	潘景珪	1	兩浙路運副→權工部侍郎	權工部侍郎兼知	知明州	✓	✓			註30
57	謝深甫	1	朝散大夫、起居郎、兼權給事中	直寶文閣	權工部侍郎		✓	✓	✓	註31
58	袁說友	1	中奉大夫、行右司郎中	直顯謨閣	權戶部侍郎	✓	✓	✓		註32
59	王厚之	1	朝奉大夫、直祕閣、兩浙路運判	直顯謨閣	罷					

60	蔡戡	1	朝請大夫、試司農卿	朝散大夫、試司農卿兼知	司農卿、兼權戶部侍郎、湖廣總領	✓	✓			註33
61	徐誼	1	朝請郎、檢正、兼權刑部侍郎	權工部侍郎兼知	罷		✓			
62	錢象祖	1	奉直大夫、檢正	權工部侍郎兼知	工部侍郎		✓	✓	✓	註34
63	謝源明	1	朝請大夫、直煥章閣、浙東提刑	太府少卿兼知	中書舍人	✓	✓			註35
64	王洮	1	朝請大夫、直祕閣、兩浙路運判	太府少卿兼知	權兵部侍郎	✓	✓			
65	趙師䆖	1	中奉大夫、直寶文閣、兩浙路運副	司農卿兼知	華文閣待制、知鎮江府	✓	✓			
		2	太中大夫、權工部尚書	太中大夫、權工部尚書兼知→權戶部上書兼知→落權、兼知	罷					
		3	寶謨閣學士、太中大夫、新知廬州	工部尚書兼知→通議大夫→兼國用局參計官	罷					
		4	寶謨閣直學士、正議大夫、提舉隆興府玉隆萬壽宮	兵部尚書兼知	免兼					
66	丁逢	1	軍器監	中奉大夫、行司農少卿兼知	與祠	✓				註36
67	朱晞顏	1	中大夫、太府卿、江東總領	中大夫、權工部侍郎、兼實錄院同修撰兼知→太中大夫	免兼→卒		✓			註37
68	趙善堅	1	中奉大夫、直敷文閣、兩浙運副	司農卿兼→中大夫→權工部侍郎兼知→太中大夫	與祠	✓	✓			

		2	通奉大夫、寶謨閣待制、知慶元府	工部侍郎兼知兼敕令所詳定官→正議大夫→正奉大夫	工部侍郎					
69	丁常任	1	朝散大夫、吏部郎中、刪修敕令官、太上皇帝遺留禮信使	朝請大夫、司農少卿、兼刪修敕令官兼知	免兼	✓	✓			註38
70	李澄	1	朝奉大夫、行宗正丞、兼權左曹金部郎官、兼刪修敕令官	軍器少監兼知→朝議大夫→太府少卿	權兵部侍郎	✓	✓			
71	陳景思	1	朝散郎、直祕閣、兩浙路運判	朝散郎、直祕閣、兩浙路運判暫兼權	免兼	✓	✓			註39
72	王補之	1	奉直大夫、試太府卿、淮西總領	太府卿兼知	與祠	✓				
73	趙彥勵	1	太府卿	試工部侍郎、兼同詳定敕令官兼知	罷	✓	✓			註40
74	趙善防	1	朝奉大夫、右司郎中	直寶謨閣、權發遣府事	直華文閣、福建路運判					
75	廖俁	1	中奉大夫、直寶謨閣、兩浙路運判	司農少卿兼知	司農卿、兼樞密院副都承旨	✓				
76	史彌堅	1	朝散郎、直寶謨閣、兩浙路運判	朝散郎、直寶謨閣、兩浙路運判暫兼權	免兼	✓	✓			
		2	朝奉大夫、直寶謨閣、兩浙路運副	太府卿兼知	權兵部侍郎					
77	趙善宣	1	朝請大夫、工部郎中	直華文閣	罷					
78	趙師石	1	朝散大夫、知婺州	直寶謨閣→太府少卿兼知→朝請大夫	太府少卿、免兼	✓				

79	黃犖	1	朝散郎、直顯謨閣、兩浙路運判	朝散郎、直顯謨閣、兩浙路運判暫兼權	免兼	✓				註41
80	徐邦憲	1	朝散郎、宗正少卿、兼太子侍讀	權工部侍郎兼知	免兼	✓	✓			
81	王柟	1	中奉大夫、行吏部郎中、兼右司郎官	將作監兼知→太府少卿兼知→兼刪修敕令官	丁母憂	✓				
		2	中奉大夫、祕閣修撰、知鎮江府	右文殿修撰→太府卿兼知	免兼					
82	趙時侃	1	朝散郎、守戶部郎中	直煥章閣→司農少卿兼知→司農卿兼知→朝請郎→朝奉大夫	司農卿兼權工部侍郎	✓	✓			
83	章良肱	1	朝散郎、直寶謨閣、兩浙路運判	朝散郎、直寶謨閣、兩浙路運判暫兼權→直顯謨閣、兩浙路運副兼知	免兼	✓				註42
84	程覃	1	朝請大夫、大理少卿	直徽猷閣、司農卿兼知	免兼	✓				註43
85	陳廣壽	1	金部郎中	中大夫、行司農少卿兼知→太府卿兼知	太府卿、兼玉牒所檢討官	✓	✓			註44
86	袁韶	1	朝奉大夫、軍器少監、兼樞密院檢詳諸房文字、兼玉牒所檢討官	軍器少監兼知→軍器監兼知→朝散大夫→朝請大夫→司農少卿兼知→朝議大夫→太府卿、兼刪修敕令官兼知→中奉大夫→兼權戶部侍郎兼知→權戶部侍郎、兼同詳定敕令官兼知→中大夫→戶部侍郎、兼同詳定敕令官兼知→太中大夫→通議大	同知樞密院事	✓	✓	✓		

編號	姓名	序	原職	遷轉	結果						備註
				夫→通奉大夫→權戶部尚書、兼同詳定敕令官兼知→戶部尚書、兼同詳定敕令官兼知							
		2	同知樞密院事	資政殿學士、浙西安撫制置使兼知→同知樞密院事、浙西安撫使兼知	除職與郡（罷政歸）						
87	趙立夫	1	朝請大夫、右司郎中	太府少卿兼知	太府卿、兼刪修敕令官	✓	✓				
		2	祕閣修撰、樞密院都承旨、兼刪修敕令官	太府卿、兼刪修敕令官兼知→權戶部侍郎、兼刪修敕令官兼知→兼同詳定敕令官	免兼						
88	林介	1	中大夫、祕閣修撰、兩浙路運副	中大夫、祕閣修撰、兩浙路運副暫兼權→太府卿兼刪修敕令官兼知	降一官罷	✓					
89	余天錫	1	權吏部侍郎、兼玉牒所檢討官、兼崇政殿說書	試戶部侍郎、兼同詳定敕令官兼知	戶部尚書、兼檢正、兼詳定敕令官，免兼		✓	✓			註45
90	余鑄	1	中書舍人、兼國史院編修官、實錄院檢討官、兼檢正	戶部侍郎、兼同詳定敕令官	吏部侍郎		✓				
91	袁肅	1	右司郎官、兼樞密副都承旨	太府少卿兼知	免兼	✓					
92	顏頤仲	1	直祕閣、兩浙路運判	直祕閣、兩浙路運判暫兼知→戶部左曹郎中兼知→將作監兼知→朝請郎→太府少卿兼知→朝奉大夫	免兼	✓	✓				

		2	太中大夫、守刑部侍郎、兼權兵部尚書	刑部尚書兼知→戶部尚書兼知	吏部尚書，免兼					
93	趙與懽	1	權戶部侍郎、兼檢正	權戶部侍郎兼知→兼同詳定敕令官	戶部尚書，免兼	✓	✓			註46
		2	吏部尚書、兼修玉牒官、兼侍讀	端明殿學士	端明殿學士、提舉萬壽觀、提領戶部財用					
		3	端明殿學士、提舉萬壽觀、提領戶部財用、兼修國史、實錄院修撰、兼侍讀	端明殿學士、特與執政恩例→兼侍讀、權監修國史實錄院	資政殿學士、提舉萬壽觀、監修國史實錄院、兼侍讀、奉朝請					
94	史岩之	1	祕書少監、兼國史院編修官、實錄院檢討官、兼崇政殿說書	太府卿兼知→權刑部侍郎兼知→都大提舉嘉興、江陰常州兵船→兼侍講→戶部侍郎、兼權兵部尚書兼職依舊→戶部尚書、兼侍講兼知	免兼	✓	✓			
95	趙與懃	1	右司郎中、兼樞密院副都承旨、兼刪修敕令官	司農卿兼知→兼刪修敕令官	司農卿、兼樞密院都承旨，免兼	✓				
96	吳潛	1	工部尚書	工部、兼吏部尚書兼知→兼侍讀	工部、兼吏部尚書、兼侍讀，免兼		✓	✓	✓	註47
97	趙與𢑛	1	中大夫、中書門下省檢正諸房公事	司農卿兼知→兼刪修敕令官→權刑部侍郎兼知→升兼同詳定敕令官→權兵部侍郎、兼職依舊→太中大夫→全戶部侍郎、兼職依舊→通議大夫→	觀文殿學士、知紹興府、浙東安撫使	✓	✓			

				戶部侍郎、兼職依舊→權戶部尚書、兼職依舊→戶部尚書、兼職依舊→升兼詳定敕令官→通奉大夫→暫兼吏部尚書→正議大夫→暫兼兩浙轉運司→正奉大夫→吏部尚書、兼戶部尚書、兼職依舊→兼提領國用所→免兼提領國用所→暫兼浙西提舉常平→免兼浙西提舉常平→端明殿學士→資政殿學士、與執政恩例、兼提領戶部財用→資政殿大學士、提領戶部財用兼知→充明堂大禮橋道頓遞使→宣奉大夫							
98	余天任	1	集英殿修撰、兩浙運副	集英殿修撰、兩浙運副暫兼權→暫兼權戶部侍郎仍兼知	權工部侍郎，免兼		✓				
99	余晦	1	右司郎官	將作監兼知→權發遣戶部判官公事兼知	大理少卿		✓				
		2	太中大夫、寶章閣待制、知慶元府、兼沿海制置使	戶部侍郎兼知→兼同詳定敕令官→權戶部尚書、兼職依舊	罷						
100	翁甫	1	直祕閣、兩浙路運判	直祕閣、兩浙路運判暫兼知→權發遣戶部判官公事兼知→朝奉郎、太府少卿兼知	太常少卿、暫兼權直舍人院、兼資善堂翊善	✓	✓				

101	厲文翁	1	通直郎、金部郎官、樞密院檢詳諸房文字	軍器監暫兼知→太府少卿兼知→承議郎→兼權發遣戶部判官公事	太府卿、暫兼權戶部侍郎	✓	✓			
		2	朝散大夫、權戶部尚書、兼樞密院都承旨	端明殿學士、兩浙制置使兼知→兼提領戶部財賦→免兼制置使	提舉戶部財賦					
102	曾穎茂	1	中奉大夫、守將作監	中奉大夫、守將作監暫兼知	大理少卿	✓				
103	王克仁	1	集英殿修撰、兩浙路運副	寶章閣待制、兩浙路轉運使兼知	免兼		✓			
		2	朝奉大夫、兩浙路轉運使、暫兼權刑部侍郎	兩浙路轉運使、兼權戶部侍郎暫兼知→朝散大夫→朝請大夫→戶部侍郎兼知→朝議大夫→權戶部尚書兼知	除職與郡					
104	馬光祖	1	中奉大夫、守司農卿、淮西總領	權戶部侍郎兼知→中大夫→兼侍講→太中大夫→戶部侍郎、兼職依舊→暫兼權戶部尚書	寶文閣直學士、沿江制置使、江東安撫使、知建康府			✓		註48
		2	觀文殿學士、提領戶部財用	觀文殿學士、提領戶部財用兼知→同知樞密院事、兼太子賓客、提領戶部財用兼知	知福州、福建安撫使→與祠					
105	徐桌	1	太中大夫、集英殿修撰、兩浙路運副、暫兼權戶部侍郎	權戶部侍郎兼知→通議大夫→戶部侍郎→兼同詳定敕令官→暫兼權吏部尚書→通奉大夫→正議大夫→權戶部尚書、兼職依舊→正奉大夫	吏部尚書，免兼		✓			

106	顧岊	1	朝請郎、戶部左曹郎官	軍器監、兼權發遣戶部判官公事兼知→太府少卿、兼職依舊→暫兼權戶部侍郎、兼職依舊→太府卿、兼職依舊→權吏部侍郎兼知	吏部侍郎	✔	✔				
107	何夢祥	1	朝奉大夫、直華文閣、荊湖南路提點刑獄公事	司農卿兼知	直敷文閣、知紹興府	✔					
108	葉隆禮	1	朝散郎、直祕閣、兩浙路運判	軍器少監兼知→朝奉大夫→軍器監、兼職依舊	直寶文閣、知紹興府	✔					
109	陶燨	1	直華文閣、兩浙路運判	直華文閣、兩浙路運判暫兼權	大理少卿	✔					
110	洪焘	1	朝奉大夫、祕閣修撰、兩浙路運副	朝奉大夫、祕閣修撰、兩浙路運副兼知→戶部侍郎兼知→兼詳定敕令官→戶部侍郎兼知	免兼	✔	✔				
		2	太中大夫、權刑部尚書、兼中書門下省檢正諸房公事	權刑部尚書兼知→兼詳定敕令官→刑部尚書兼知→戶部尚書兼知	吏部尚書						
111	趙與嵓	1	兩浙路轉運使	兩浙路轉運使暫兼知→寶章閣待制知	樞密院都承旨	✔	✔				
		2	通議大夫、顯謨閣待制、兩浙路轉運使、暫兼權戶部侍郎	通議大夫、顯謨閣待制、兩浙路轉運使、暫兼權戶部侍郎暫兼知→戶部侍郎兼知	致仕						
112	高衡孫	1	太中大夫、刑部侍郎	太中大夫、刑部侍郎暫兼知→戶部侍郎兼知	免兼		✔				

113	魏克愚	1	兩浙路運判	兩浙路運判暫兼知	軍器監	✓				
		2	兩浙路運副	太府少卿兼知→太府卿兼知→兼敕令所刪修官	罷					
114	季鏞	1	直龍圖閣、兩浙路運副	直龍圖閣、兩浙路運副暫兼權	免兼	✓	✓			註49
115	吳革	2	權發遣戶部判官	權發遣戶部判官兼知→朝奉大夫→司農少卿、兼戶部判官兼知→兼敕令所刪修官→司農卿兼知	罷	✓	✓			註50
116	劉良貴	1	中大夫、行左司郎官	司農少卿兼知	與郡	✓				
117	孫子秀	1	太常少卿、兼右司	太常少卿、兼右司暫兼權→司農卿兼知	罷	✓				
118	胡太初	1	中大夫、直敷文閣、兩浙路運判	中大夫、直敷文閣、兩浙路運判暫兼權	免兼	✓				註51
119	李芾	1	朝散大夫、直祕閣、浙西提刑、兼提舉常平	將作監兼知→兼敕令所刪修官→司農少卿兼知	罷	✓				
120	潛說友	1	朝散郎、直華文閣、兩浙路運副	司農少卿兼知→兼敕令所刪修官→朝請郎→司農卿、兼職依舊→朝奉大夫→暫兼權戶部侍郎兼知→朝散大夫→暫兼權兩浙路轉運司→權戶部侍郎兼知→升兼同詳定敕令官→朝請大夫→戶部侍郎兼知→兼權戶部尚書兼知→朝議大夫→中奉大夫	罷	✓	✓			

				→權戶部尚書兼知→兼詳定敕令官						
121	趙與𥙿	1	朝散郎、直華文閣、兩浙路運副	朝散郎、直華文閣、兩浙路運副暫兼權→戶部判官兼知→兼敕令所刪修官	與郡					
122	吳益	1	朝散郎、直寶文閣、權發遣兩浙路運判	朝散郎、直寶文閣、權發遣兩浙路運判暫兼→戶部判官兼知→兼敕令所刪修官→朝請郎→太府卿、兼戶部判官兼知	免兼	✓				
123	朱浚	1	朝散郎、直祕閣、權發遣兩浙路運判	朝散郎、直祕閣、權發遣兩浙路運判暫兼權	免兼					
124	黃萬石	1	顯文閣直學士、朝奉大夫、沿海制置使	權戶部尚書兼知、浙西安撫使、兼敕令所詳定官	湖南安撫使		✓			註52
125	曾淵子	1	不明	不明	遁逃			✓		註53
126	趙孟傳	1	不明	不明	華文閣直學士、沿海制置使、知慶元府					註54
127	家鉉翁	1	知建寧府兼福建路運副	權戶部侍郎兼知	戶部侍郎、權吏部侍郎、兼樞密院都承旨→端明殿學士、簽書樞密院事→祈請使	✓	✓	✓		註55
128	文天祥	1	朝奉大夫、江西安撫大使、浙西、江東制置使、工部尚書、兼督讚、	不明	右丞相兼樞密使、都督	✓	✓	✓	✓	註56

			知平江府→端明殿學士→簽書樞密院事						
129	賈餘慶	1	不明	簽書樞密院事兼知	右丞相、祈請使			✓	✓	註57
130	翁仲德	1	不明	不明	不明				
人數						64	81	21	6

　　本表以《咸淳臨安志・古今郡守表》為基礎，卿監、從官標準採《朝野類要》在內大、小侍從，故以卿監、從官在外任職者，不計；《咸淳志》以外資料來源，於附表下方註記。

　　註 1　《要錄》卷 16，建炎二年七月丁未條，頁 341。

　　註 2　《要錄》卷 20，建炎三年二月癸丑條，頁 392：「太常少卿季陵獨奉九廟神主，使親事官負之。」《要錄》卷 21，建炎三年三月壬辰條，頁 434：「起居郎季陵試中書舍人。」《要錄》卷 32，建炎四年三月辛未條，頁 627：「是月，朝奉郎季陵充徽猷閣待制、知臨安府。」《要錄》卷 35，建炎四年七月戊午條，頁 678：「中書舍人季陵試尚書戶部侍郎。」

　　註 3　《要錄》卷 34，建炎四年六月戊寅條，頁 661：「朝奉大夫提舉江州太平觀胡舜陟知臨安府。」

　　註 4　《宋史》卷 363，列傳 122，〈李光傳〉，頁 11335～11342。《要錄》卷 37，建炎四年九月甲辰條，頁 703：「右文殿修撰李光充徽猷閣待制、知臨安府。」

　　註 5　《要錄》卷 1，建炎元年十二月壬戌條，頁 20：「是日，淵聖皇帝將還宮，而金帥宗維未得見，欲先得表乃命中書舍人晉陵孫覿秉筆，而何㮚輩潤色之。」《要錄》卷 41，紹興元年正月辛丑條，頁 753：「范宗尹因薦朝奉郎、提舉江州太平觀孫覿有才，乃復覿龍圖閣待制、知臨安府。」

　　註 6　（宋）宋高宗，〈徐康國權知臨安府措置移蹕事務詔〉，收於《全宋文》卷 4464，冊 202，頁 72。《要錄》卷 49，紹興元年十一月戊戌條，頁 871：「詔以會稽漕運不繼，移蹕臨安，命兩浙轉運副使徐康國兼權臨安府，與內侍楊公弼先營公室。」

　　註 7　《要錄》卷 48，紹興元年冬十月甲子條，頁 855：「龍圖閣待制、知臨安府孫覿，提舉江州太平觀，以集英殿修撰、新知溫州席益代之。」《要錄》卷 63，紹興三年二月辛亥條，頁 1075：「工部尚書兼權吏部尚書兼侍講席益參知政

事。」

註 8 《要錄》卷 61，紹興二年十二月辛亥條，頁 1054：「右文殿修撰、江淮荊浙
都督府參謀官盧知原，充徽猷閣待制、知臨安府。」

註 9 《要錄》卷 78，紹興四年秋七月戊申條，頁 1273：「徽猷閣待制、知臨安府
梁汝嘉試尚書戶部侍郎、兼權知臨安府。」

註 10 《要錄》卷 118，紹興八年二月庚申，頁 1904：「直龍圖閣知建康府張澄為
集英殿修撰、知臨安府，先往措置。」

註 11 （宋）謝公應，《咸淳玉峯續志》，〈名宦〉，13a～b，頁 1104：「嘗卿棘寺，
以刑清得詔。」《要錄》卷 102，紹興六年六月庚子條，頁 1665：「大理
少卿張匯等言獄空。」

註 12 《要錄》卷 170，紹興二十五年十二月甲午條，頁 2793：「敷文閣待制沈該
參知政事。」

註 13 《要錄》卷 174，紹興二十六年九月癸丑條，頁 2873：「御史中丞湯鵬舉兼
侍讀。」《要錄》卷 177，紹興二十七年八月乙未條，頁 2929：「參知政事
湯鵬舉知樞密院事。」《宋史》卷 31，本紀 31，〈高宗八〉，頁 587：「以御
史中丞湯鵬舉參知政事。」

註 14 《要錄》卷 181，紹興二十九年二月壬辰條，頁 3003：「直龍圖閣、提舉台
州崇道觀錢端禮，行太府少卿。」《宋史》卷 33，本紀 33，〈孝宗一〉，頁
629：「兵部尚書錢端禮賜出身，簽書樞密院事兼提領德壽宮。」

註 15 《宋史》卷 33，本紀 33，〈孝宗一〉，頁 634：「右諫議大夫林安宅同知樞密
院事兼權參知政事。」《宋會要》選舉 1 之 16～17，〈貢舉一〉，冊 9，頁
5256：「（乾道）二年正月九日，以中書舍人蔣芾知貢舉，權戶部侍郎林安
宅、起居舍人梁克家同知貢舉。」

註 16 《宋史》卷 387，列傳 146，〈吳芾傳〉，頁 11887～11889。

註 17 《宋會要》職官 20 之 60，〈修玉牒官〉，冊 6，頁 3601：「（乾道）三年三月
二十日，權工部侍郎兼修玉牒官薛良朋、宗正少卿胡沂、丞劉大辯、主簿
劉季裴言……」

註 18 《宋史》卷 213，表 4，〈宰輔四〉，頁 5575：「王炎自右朝奉大夫、試兵部
侍郎、賜同進士出身除端明殿學士、簽書樞密院事。」

註 19 《宋會要》選舉 34 之 23，〈特恩除職二〉，冊 10，頁 5921：「（乾道六年）
閏五月三日，詔尚書工部侍（郎）周淙除集英殿修撰、提舉江州太平興國

宮。」

註 20　《宋史》卷 213，表 4，〈宰輔四〉，頁 5578：「（乾道九年）十二月己丑，姚憲自御史中丞、兼侍讀除端明殿學士、簽書樞密院事。」

註 21　《宋史》卷 109，志 62，〈群臣家廟〉，頁 2634：「淳熙五年七月，戶部尚書韓彥古請以賜第進父世忠家廟如存中。」

註 22　《宋史》卷 390，列傳 149，〈莫濛傳〉，頁 11956～11957。

註 23　《宋會要》選舉 34 之 15，〈特恩除職二〉，冊 10，頁 5916：「（乾道元年正月）九日，詔尚書戶部侍郎晁公武除集英殿修撰、知瀘州。」《宋會要》兵 15 之 21，〈歸正上〉，冊 15，頁 8929：「（乾道七年）四月二十五日，敷文閣直學士、降授左朝請大夫、新除知揚州晁公武乞勸諭歸正不諳農務之人，充安撫司効用使喚。從之。」

註 24　《宋史》卷 213，表 4，〈宰輔四〉，頁 5578：「（乾道九年正月乙亥）沈复自戶部侍郎兼侍講除端明殿學士、簽書樞密院事。」

註 25　《宋會要》食貨 50 之 25，〈船附戰船〉，冊 12，頁 7134：「（乾道）八年四月十三日，兩浙路計度轉運副使沈度、胡堅常言……」

註 26　《宋會要》帝系 1 之 18，〈廟號追尊〉，冊 1，頁 13：「戶部尚書韓彥直。」

註 27　《宋史》卷 389，列傳 148，〈李椿傳〉，頁 11937～11940。

註 28　《雜記》乙集卷 7，〈史文惠以直諫去位〉，頁 617；（明）張昶，《吳中人物志》（上海：上海古籍出版社，1997 年），卷 10，〈流寓〉，8b，收於《續修四庫全書》，冊 541，頁 299。

註 29　《宋會要》職官 48 之 104，〈鎮將〉，冊 7，頁 4378：「（乾道）六年八月二日，試宗正少卿兼戶部侍郎王佐言……」

註 30　《宋會要》食貨 70 之 78，〈賦稅雜錄〉，冊 13，頁 8147：「（紹熙元年）七月二日，兩浙運副潘景珪言……」

註 31　《宋史》卷 394，列傳 153，〈謝深甫傳〉，頁 12038～12041。

註 32　《宋史》卷 213，表 4，〈宰輔四〉，頁 5593：「（嘉泰二年）八月丙子，袁說友自吏部尚書除同知樞密院事。」

註 33　《宋史翼》卷 14，列傳 14，〈蔡戡傳〉，14b，頁 150：「寧宗登極，遷戶部侍郎。」

註 34　《宋史》卷 213，表 4，〈宰輔四〉，頁 5593：「（開禧三年）十二月辛酉，錢象祖自參知政事授正奉大夫、兼國用使除右丞相兼樞密使。」

註 35　《宋會要》職官 75 之 37，〈黜降官內外任〉，冊 9，頁 5092：「慶元五年八月七日，工部尚書兼給事中謝源明放罷。」

註 36　《宋會要》食貨 62 之 72，〈諸州倉庫〉，冊 13，頁 7589。

註 37　（宋）談鑰，〈朱晞顏行狀〉，《新安文獻志》卷 82，21b、23b～24a，收於《文淵閣四庫全書》，冊 1376，頁 350、351～352。

註 38　《宋會要》禮 30 之 63，〈歷代大行喪禮下・光宗〉，冊 3，頁 1401。

註 39　《宋史》卷 162，志 115，〈制國用使〉，頁 3805：「太府卿陳景思同參計官。」《宋會要》職官 75 之 37，〈黜降官內外任〉，冊 9，頁 5092～5093：「（開禧元年七月二日）太府卿兼兵部侍郎兼國用司參議官陳景思並與宮觀，理作自陳。」

註 40　《咸淳臨安志》卷 50，秩官 8，〈兩浙轉運〉，9b，頁 478。

註 41　《咸淳臨安志》卷 50，秩官 8，〈兩浙轉運〉，10a，頁 478。

註 42　《咸淳臨安志》卷 50，秩官 8，〈兩浙轉運〉，10a，頁 478。

註 43　《四朝聞見錄》甲集，〈太學諸生實綾紙〉，頁 40。

註 44　（宋）黃𤩽、齊碩，《嘉定赤城志》（北京，中華書局，1990 年），卷 33，〈人物門二・進士科〉，12b，收於《宋元方志叢刊》，冊 7，頁 7534。

註 45　《宋史》卷 419，列傳 178，〈余天錫傳〉，頁 12552。

註 46　《宋史》卷 413，列傳 172，〈趙與懽傳〉，頁 12403。

註 47　《宋史》卷 418，列傳 177，〈吳潛傳〉，頁 12517～12518。

註 48　《宋史》卷 45，本紀 45，〈理宗五〉，頁 881、883。

註 49　《宋史》卷 173，志 126，〈農田之制〉，頁 4181：「（咸淳）三年，司農卿兼戶部侍郎季鏞言……」

註 50　（明）王圻，《明萬曆續文獻通考》（臺北：文海出版社，民國 68 年），卷 145，諡法考 12，〈宋諸臣諡下〉，19b～20a，收於《元明史料叢編》，第 1 輯。

註 51　（宋）劉克莊，《後村先生大全集》卷 63，〈胡太初軍器監〉，4b～5a，收於《宋集珍本叢刊》，冊 81，頁 472～473。

註 52　為沿海制置使，見《宋史》卷 46，本紀 46，〈度宗紀〉，頁 905。調湖南安撫使，見《宋史》卷 46，本紀 46，〈度宗紀〉，頁 916。

註 53　《宋史》卷 47，本紀 47，〈瀛國公〉，頁 926：「曾淵子同知樞密院事、兩浙安撫制置大使兼知臨安府。」

註 54　（清）吳廷燮，《南宋制撫年表》卷上，頁 419、（宋）王應麟，《四明文獻集》（張氏約園刊本）卷 5，〈趙孟傳特受華文閣直學士沿海制置使知慶元府誥〉，16a～6b，收於《四明叢書》第 1 集，冊 21。

註 55　《宋史》卷 421，列傳 180，〈家鉉翁傳〉，頁 12598～12599。

註 56　《宋史》卷 418，列傳 177，〈文天祥傳〉，頁 12533～12540；（宋）文天祥，〈宋少保右丞相兼樞密使信國公文山先生紀年錄〉，收於《宋人年譜叢刊》，冊 12，頁 7998、7999、8000。

註 57　《宋史》卷卷 47，本紀 47，〈瀛國公〉，頁 938：「賈餘慶同簽書樞密院事、知臨安府。」又見同書，卷 418，列傳 177，〈文天祥傳〉，頁 12536：「（伯顏）丞相怒拘之，偕左丞相吳堅、右丞相賈餘慶、知樞密院事謝堂、簽書樞密院事家鉉翁、同簽書樞密院事劉岊，北至鎮江。」

附表 5：南宋臨安知府來源、離任型態表

編號	皇帝	年號	知府	任次	知府來源 外	運	中	他	離任型態 外	回	中	罷	他	附　註
1	宋高宗	建炎	康允之	1				✓					✓	棄城遁保赭山。
2			季陵	1				✓			✓			與祠，見《宋史·季陵傳》，頁11647。 復為中書舍人，見《要錄》卷34，建炎四年六月戊寅條，頁780。
3			胡舜陟	1				✓					✓	提舉江州太平觀。 丁憂。
4			李光	1	✓				✓					
5		紹興	孫覿	1				✓					✓	提舉江州太平觀。 提舉江州太平觀。
6			徐康國	1		✓				✓				
7			席益	1			✓		✓					
8			宋煇	1	✓								✓	除宮祠。
9			盧知原	1	✓								✓	提舉江州太平觀。
10			梁汝嘉	1		✓					✓			除戶部侍郎（巡幸隨駕都轉運使）。
11			汪思溫	1			✓				✓			
12			李諲	1	✓				✓					
13			呂頤浩	1	✓				✓					
14			張澄	1	✓						✓			
15			蔣璨	1		✓				✓				
16			張匯	1		✓				✓				
17			俞俟	1	✓								✓	
18			王晚	1		✓					✓			
19			張叔獻	1		✓			✓					
20			張澄	2	✓				✓					

序號	皇帝	年號	姓名	次數							備註
21			沈該	1		✓				✓		
22			趙不棄	1			✓			✓		
23			湯鵬舉	1		✓				✓		
24			宋貺	1			✓				✓	
25			趙士粲	1		✓			✓			
26			曹泳	1				✓			✓	右朝請大夫、直顯謨閣
27			韓仲通	1			✓		✓			外調廣州，見《要錄》卷174，紹興二十六年九月庚戌條，頁2872。
28			榮薿	1	✓					✓		
29			張俙（秀安）	1		✓			✓			
30			趙子潚	1		✓				✓		
31			錢端禮	1		✓				✓		
32			黃仁榮	1		✓					✓	丁母憂。
33			錢端禮	2			✓			✓		
34			趙子潚	2			✓			✓		
35	宋孝宗	隆興	林安宅	1			✓				✓	差主管台州崇道觀。
36			陳輝	1		✓			✓			
37			黃仁榮	2		✓					✓	
38			吳芾	1			✓			✓		
39			薛良朋	1		✓				✓		
40		乾道	王炎	1		✓			✓			
41			周淙	1		✓				✓		
42			姚憲	1		✓				✓		
43			胡昉	1		✓					✓	致仕。
44			韓彥古	1			✓			✓		改除右司郎中。
45			莫濛	1			✓		✓			以皇太子領尹，罷權，為賀正旦使。
46			皇太子領尹，晁公武領少尹	1	✓						✓	知揚州，見《宋會要》食貨1之45，〈農田雜錄二〉。

序	帝	年號	姓名	數									備註
47			沈復	1		✓					✓			
48			姚憲	2			✓				✓			
49			莫濛	2			✓					✓		
50		淳熙	沈度	1		✓						✓		皇太子免尹，知府、通判以下復置。
51			胡與可	1	✓								✓	改除宮觀。
52			趙彦操	1			✓				✓			除太府卿兼權戶部侍郎。
53			韓彦直	1			✓				✓			《宋會要》帝系1之18。
54			李椿	1			✓				✓			
55			趙磻老	1		✓						✓		
56			吳淵	1			✓						✓	除敷文閣學士在外宮觀。
57			王佐	1	✓						✓			
58			韓彦質	1	✓						✓			
59			張构	1		✓			✓					
60			韓彦質	2			✓						✓	除徽猷閣直學士在京宮觀。
61			趙不流	1		✓						✓		
62			景秉	1		✓					✓			
63			張构	2			✓				✓			
64	宋光宗	紹熙	潘景珪	1		✓			✓					《宋會要·食貨》70之78，紹熙元年七月二日，潘景珪為兩浙運副。
65			謝深甫	1			✓				✓			
66			袁說友	1			✓				✓			
67			王厚之	1	✓							✓		
68			蔡戡	1			✓		✓					
69			徐誼	1			✓					✓		
70	宋寧宗	慶元	錢象祖	1			✓				✓			
71			謝源明	1	✓						✓			
72			王溉	1		✓					✓			

73		趙師罫	1		✓			✓			
74		丁逢	1			✓				✓	
75		朱晞顏	1			✓			✓		
76	嘉泰	趙善堅	1		✓					✓	
77		丁常任	1				✓		✓		為金國遺留國信使，見《宋史·寧宗一》，頁727、《金史·交聘表下》，頁1469。
78		李澄	1			✓			✓		
79		陳景思	1		✓				✓		
80		王補之	1	✓						✓	與宮觀。
81	開禧	趙師罫	2	✓						✓	從知揚州調回，見〈趙師罫墓志銘〉。
82		趙彥勵	1			✓			✓		
83		趙善防	1			✓		✓			
84		廖侔	1		✓				✓		
85		趙師罫	3	✓					✓		
86		史彌堅	1		✓			✓			
87		趙善堅	2	✓					✓		
88		史彌堅	2		✓				✓		
89	嘉定	趙善宣	1			✓			✓		
90		趙師石	1	✓					✓		
91		黃犖	1		✓			✓			
92		徐邦憲	1			✓			✓		
93		趙師罫	4				✓		✓		
94		王柟	1			✓				✓	丁母憂。
95		趙時侃	1			✓			✓		
96		王柟	2	✓					✓		
97		章良肱	1		✓			✓			
98		程覃	1			✓			✓		

號次	皇帝	年號	姓名	次數									備註
99			陳廣壽	1			✓				✓		
100	宋理宗	寶慶	袁韶	1			✓				✓		
101		紹定	趙立夫	1			✓				✓		
102			袁韶	2			✓		✓			✓	除職與郡（罷政歸）
103			林介	1		✓						✓	
104			余天錫	1			✓				✓		
105			余鑄	1			✓				✓		
106		端平	袁肅	1			✓				✓		
107			趙立夫	2			✓				✓		
108			顏頤仲	1		✓					✓		
109			趙與懽	1			✓				✓		
110		嘉熙	史岩之	1			✓				✓		
111			趙與懃	1			✓				✓		
112			趙與懽	2			✓				✓		
113			吳潛	1			✓				✓		
114			趙與懽	3			✓				✓		
115		淳祐	趙與籌	1			✓		✓				
116			余天任	1		✓					✓		
117			余晦	1			✓				✓		
118			翁甫	1		✓					✓		
119			厲文翁	1			✓				✓		
120		寶祐	曾穎茂	1			✓				✓		
121			顏頤仲	2			✓				✓		
122			王克仁	1		✓				✓			
123			馬光祖	1	✓				✓				
124			王克仁	2		✓			✓				運使兼權刑侍。
125			徐桌	1		✓					✓		運副兼權戶侍。

編號	皇帝	年號	姓名	次數									備註
126		開慶	顧嵒	1			✓			✓			
127			何夢祥	1	✓			✓					
128		景定	葉隆禮	1		✓		✓					
129			厲文翁	2			✓			✓			
130			陶熾	1		✓				✓			
131			余晦	2	✓						✓		
132			洪熹	1		✓				✓			
133			趙與訔	1		✓				✓			
134			高衡孫	1			✓			✓			
135			魏克愚	1		✓				✓			
136			馬光祖	2			✓	✓					
137			魏克愚	2		✓					✓		
138			季鏞	1		✓			✓				
139			吳革	1			✓				✓		
140			劉良貴	1			✓	✓					
141	宋度宗	咸淳	趙與訔	2		✓						✓	升戶部侍郎兼知，後致仕。
142			孫子秀	1			✓				✓		
143			胡太初	1		✓			✓				
144			李芾	1	✓						✓		
145			洪熹	2			✓			✓			
146			潛說友	1		✓					✓		
147			趙與稙	1		✓		✓					
148			吳益	1		✓				✓			
149			朱浚	1		✓			✓				
150			黃萬石	1	✓			✓					沿江制置使兼知建康府，見《至大金陵新志》卷3中下，〈金陵表六〉，頁5485。調湖南安撫使。
151	宋恭帝	德祐	曾淵子	1			✓					✓	權戶部尚書，見《宋詩紀事》卷66，〈曾淵子〉，30b～31a。遁逃。

152		趙孟傳	1				✓	✓					（元）袁桷，《清容居士集》卷33，〈先大夫行述〉，10a，收於《四部叢刊初編》，冊1421。沿海制置使、兼知慶元府，見《四明文獻集》卷5，〈趙孟傳特受華文閣直學士沿海制置使知慶元府誥〉，16a～6b，收於《四明叢書》第1集，冊21。
153		家鉉翁	1			✓						✓	權戶部侍郎，見《民國杭州府志》卷100，頁1939。為祈請使。
154		文天祥	1	✓						✓			知平江府，見《宋史・文天祥傳》，頁12535。升右丞相兼樞密使、都督。
155		賈餘慶	1			✓						✓	為祈請使。
156		翁仲德	1				✓					✓	不明。
總計（人次）				26	57	61	9	28	11	74	22	21	

1. 臨安知府來源：「外」表示從外地調任，「運」表示由兩浙路轉運司調任或兼任，「中」表示從中央調任或兼任，「他」表示其他情形。

2. 離任型態：「外」表示外調，「回」表示復為兩浙路轉運司，「中」表示留在中央任職，「罷」表示罷免，「他」表示其他情形。

3.「他」所包含的其他情形為：丁憂、致仕、逃亡、宮觀、不明。

附表 6：臨安知府與中央政治勢力關係表

編號	知　府	友善勢力	類　型	事　　蹟	註記
1	康允之				
2	季陵	范宗尹	宰相	范宗尹薦其才，命知臨安府。	註 1
3	胡舜陟				
4	李光				
5	孫覿				
6	徐康國				
7	席益	呂頤浩	宰相	曾為呂頤浩排除秦檜獻計，後為呂頤浩引為執政。	註 2
8	宋輝	宋高宗	皇帝	扶持之勞，簡在上心。	註 3
9	盧知原				
10	梁汝嘉	秦檜	宰相	汝嘉素善秦檜。	註 4
11	汪思溫	宋高宗	皇帝	曾為欽宗潛邸贊讀。	註 5
12	李謨	宋高宗	皇帝	臨安之命，出自朕意。	註 6
13	呂頤浩	宋高宗	皇帝	帝在建康，除頤浩少保、浙西安撫制置大使、知臨安府。	註 7
14	張澄				
15	蔣璨				
16	張匯				
17	俞俟				
18	王晚	秦檜	宰相	先是，檜兄子與其內兄王晚皆以恩幸得官……由是二人驟進。	註 8
19	張叔獻				
20	沈該				
21	趙不棄	秦檜	宰相	協助秦檜打擊其政敵鄭剛中。	註 9
22	湯鵬舉	秦檜	宰相	名列秦檜十客。	註 10
23	宋貺	秦檜	宰相	以宋貺黨附秦檜，責梅州安置。	註 11

24	趙士礫	宋高宗、秦檜	宰相、皇帝	與宋高宗有患難之交、曾阿諛秦檜。	註 12
25	曹泳	秦檜	宰相	秦檜姻黨。	註 13
26	韓仲通	秦檜	宰相	阿附故相。	註 14
27	榮薿				
28	張俁（秀安）				
29	趙子潚	宋高宗	皇帝	以宗室激勵其直言。	註 15
30	錢端禮	宋高宗	皇帝	高宗材之，知臨安府。	註 16
31	黃仁榮				
32	林安宅	史浩、龍大淵	宰相、近習	巴結宰相、近習。	註 17
33	陳輝				
34	吳芾				
35	薛良朋				
36	王炎				
37	周淙	張浚、錢端禮、宋孝宗	皇帝	受張浚、錢端禮推薦給皇帝，後宋孝宗不忘其人。	註 18
38	姚憲	宋孝宗	皇帝	曾受宋高宗賜敕書獎諭。	註 19
39	胡昉				
40	韓彥古	曾覿	近習	姻親。	註 20
41	莫濛	宋高宗、宋孝宗	皇帝	以善斷案、理財受知兩帝。	註 21
42	皇太子領尹，晁公武領少尹				
43	沈复	宋孝宗	皇帝	曾以出將入相之理得孝宗歡心。	註 22
44	沈度				
45	胡與可	甘昇	近習	姻親。	註 23
46	趙彥操				
47	韓彥直	宋孝宗	皇帝	皇帝親擇使金，不辱使命，歸國後連續遷轉。	註 24
48	李椿	宋孝宗	皇帝	臨安擇守，公在議中，執政或謂公於人無委曲，上曰：「正欲得如此人。」遂兼權臨安府事。	註 25

49	趙磻老				
50	吳淵				
51	王佐	宋高宗、宋孝宗	皇帝	宋高宗表示且有親擢；宋孝宗在其入對時賜金帶，褒勉甚寵。	註26
52	韓彥質				
53	張杓	宋孝宗	皇帝	為張浚次子，以善斷案、理財受孝宗賞識。	註27
54	趙不流				
55	景秉				
56	潘景珪	不明	近習		註28
57	謝深甫	宋光宗、韓侂冑	皇帝、近習	宋光宗曾稱讚其臨安知府內的政績；為臺諫時，遵照韓侂冑指示彈劾道學派。	註29
58	袁說友				
59	王厚之				
60	蔡戡	宋孝宗	皇帝	以知兵、善理財聞名，曾上奏章論給軍餉之法，受孝宗御筆褒獎。	註30
61	徐誼	趙汝愚	宰相	參與紹興內禪，後上章救趙汝愚。	註31
62	錢象祖	韓侂冑、史彌遠	近習、宰相	曾獻珠塔於韓侂冑；後因反對開禧北伐與韓侂冑反目，與史彌遠合謀殺害韓侂冑。	註32
63	謝源明				
64	王沇				
65	趙師𪣻	宋孝宗、韓侂冑	皇帝、近習	早先即以理財受孝宗賞識；後以賄賂韓侂冑進官，再因反對北伐而罷。	註33
66	丁逄	宋孝宗、京鏜、何澹	皇帝、宰執	曾因金使無禮，上書請斬之，引對論御前侍衛李處全、故諫議大夫單時貪污，而受孝宗親擢；入見京鏜、何澹時，極言元祐調停之害，獲賞識，升為軍器監。	註34
67	朱晞顏	宋孝宗、宋寧宗	皇帝	以經濟之才、通曉邊事受知於孝宗、寧宗。	註35

68	趙善堅	韓侂胄	近習	受韓指示計審呂祖泰。	註 36
69	丁常任	韓侂胄	近習	常任奴事權要，詭祕其跡。	註 37
70	李澄	韓侂胄	近習	結交韓侂胄屬吏周筠。	註 38
71	陳景思	韓侂胄	近習	姻親，後因北伐事反目。	註 39
72	王補之	韓侂胄	近習	權姦用事之時，考校法科，輒徇私囑。	註 40
73	趙彥勱				
74	趙善防				
75	廖倀				
76	史彌堅	韓侂胄、史彌遠、趙伯圭	近習、宰相、親王	史彌遠的弟弟、崇憲靖王的女婿。	註 41
77	趙善宣				
78	趙師石				
79	黃犖				
80	徐邦憲	倪思	侍從	侂胄已誅，（兵部）尚書倪思舉徐邦憲自代。	註 42
81	王枏	韓侂胄、史彌遠、錢象祖	近習、宰相	出使、議和之功，受錢象祖賞識。	註 43
82	趙時侃				
83	章良肱				
84	程覃				
85	陳廣壽				
86	袁韶	史彌遠	宰相	仇視善類，諂附彌遠。	註 44
87	趙立夫	宋理宗	皇帝	入對時，宋理宗特以「當對京師細民一意撫摩，使其沐浴在春風和氣中」交代。	註 45
88	林介				
89	余天錫	史彌遠、宋理宗	宰相、皇帝	余天錫為史彌遠弟子師，發掘宋理宗於寒微之人，其母亦是理宗童子師。	註 46
90	余鑄				
91	袁肅				
92	顏頤仲	宋理宗	皇帝	入對理宗多稱善，並曾受詔褒美。	註 47

93	趙與懽	宋理宗	皇帝	大排行上為宋理宗之兄，曾親下手詔、賜字獎勵。	註 48
94	史岩之	史嵩之、宋理宗	宰相、皇帝	為右丞相史嵩之之弟，因戰爭而為宋理宗任命知臨安府。	註 49
95	趙與懃	宋理宗	皇帝	景獻太子的弟弟，與其兄與懽以治辦並稱。	註 50
96	吳潛				
97	趙與懽	宋理宗	皇帝	景獻太子的弟弟，與其弟與懃以治辦並稱，曾請歸田里，為理宗下詔挽留。	註 51
98	余天任	宋理宗	皇帝	余天錫之弟。	註 52
99	余晦	宋理宗	皇帝	余天錫的姪兒。	註 53
100	翁甫				
101	厲文翁	宋理宗	皇帝	外戚，師從葉味道，理宗稱其「人物甚偉，洞曉邊事」。	註 54
102	曾穎茂				
103	王克仁				
104	馬光祖	宋理宗	皇帝	帝諭丞相謝方叔趣入覲。	註 55
105	徐桌				
106	顧嵒	丁大全	宰相	顧嵒為丁大全黨人。	註 56
107	何夢祥				
108	葉隆禮				
109	陶熾				
110	洪燾	賈似道	宰相	曾受賈似道命調護與葉夢鼎的關係。	註 57
111	趙與嵩	鄭清之、史宅之、賈似道	宰相、執政	奉行括田事、公田法。	註 58
112	高衡孫	史宅之	執政	曾協助括田，因知不便，成而辭賞。	註 59
113	魏克愚	賈似道	宰相	因勸止公田法而被黜。	註 60
114	季鏞	賈似道	宰相	賈似道越第望海樓成，越帥季鏞賦詩為賀。	註 61
115	吳革				
116	劉良貴	賈似道	宰相	支持賈似道的公田法，並為執行者之一。	註 66

117	孫子秀				
118	胡太初				
119	李芾				
120	潛說友	賈似道	宰相	潛說友尹京，恃賈似道勢，甚驕蹇，政事一切無所顧讓。	註 63
121	趙與稙				
122	吳益	賈似道	宰相	於登對時，回答「淮、肥之功，成於已濟」，取悅了賈似道。	註 64
123	朱浚	賈似道	宰相	尚理宗公主。被稱為「萬拜」，諂媚賈似道。	註 65
124	黃萬石	賈似道	宰相	為賈似道鷹犬。	註 66
125	曾淵子	賈似道	宰相	為賈似道黨羽。	註 67
126	趙孟傳	陳宜中	宰相	受陳宜中命，殺殿帥韓震。	註 68
127	家鉉翁				
128	文天祥	賈似道	宰相	曾在賈似道勒宦官、外戚的議題上有共同目標，但在賈似道獨攬大權後反目。	註 69
129	賈餘慶				
130	翁仲德				

與中央政治勢力有關且有史料記載者共 62 人，其中不乏同時、不同時依附不同政治勢力之人。未有明確記載者，是缺乏史料證明其依附中央政治團體的代表人物。

依附宰執：25 人

侍從：1 人

近習：8 人

皇帝：25 人

依附複數勢力：11 人

資料不明：60 人

註 1　《宋史》卷 377，列傳 136，〈季陵傳〉，頁 11647。（季陵）

註 2　《要錄》卷 57，紹興二年八月壬辰條，頁 1149。不過，席益是在離任後才與呂頤浩結為臨時性的同盟。（席益）

註 3　（宋）莊綽，《雞肋編》卷中，頁 55。（宋輝）

註 4 《宋史》卷 394，列傳 153，〈梁汝嘉傳〉，頁 12043。（梁汝嘉）

註 5 《鴻慶居士文集》卷 37，〈宋故左朝議大夫直顯謨閣致仕汪公墓誌銘〉，10b
～11a，收於《叢書集成續編》，冊 127，頁 310～311；《延祐四明志》卷 4，
〈人物考上・先賢〉，34b，冊 6，頁 6195。（汪思溫）

註 6 《鴻慶居士文集》卷 35，〈宋故左中大夫直寶文閣致仕李公墓志銘〉，3a，收
於《叢書集成續編》，冊 127，頁 290。（李謨）

註 7 《宋史》卷 362，列傳 121，〈呂頤浩傳〉，頁 11322；梁偉基，〈從山東寒士
到中興名宰——南宋呂頤浩的早年經歷與性格分析〉，《中國文化研究所學
報》61 期，2015 年，頁 113。（呂頤浩）

註 8 《宋史》卷 380，列傳 139，〈王次翁傳〉，頁 11711。（王映）

註 9 《宋史》卷 247，列傳 6，〈趙不棄傳〉，頁 8756～8757；《要錄》卷 156，紹
興十七年二月乙未條，頁 2953、紹興十七年七月庚辰條，頁 2963～2964。
（趙不棄）

註 10 （宋）趙彥衛，《雲麓漫鈔》（北京：中華書局，1996 年），卷 10，〈秦太師
十客〉，頁 169。（湯鵬舉）

註 11 《宋史》卷 31，本紀 31，〈高宗八〉，頁 586。（宋既）

註 12 （宋）孫覿，《鴻慶居士文集》卷 38，〈宋故左中奉大夫直龍圖閣趙公墓志
銘〉，13a，收於《叢書集成續編》，冊 127，頁 320；趙士㣟與宋高宗有患
難之交，見《要錄》卷 20，建炎三年二月壬子條，頁 455：「壬子，金人陷
天長軍，上遣左右內侍酈詢往天長軍覘事，知為金人至，遽奔還。上得詢
報，即介胄走馬出門……上至鎮江，宿於府治，從行無寢具上以一貂皮自
隨，臥覆各半。上問有近上宗室否，時士㣟為曹官，或以名對，遂召士㣟
同寢，上解所御綿背心賜之。」阿諛秦檜，事見《宋會要》職官 70 之 42，
〈黜降官七〉，冊 8，頁 4939：「（紹興二十五年十二月）六日，知紹興府
趙士㣟、知溫州高百之並放罷。以臣僚上言：『士㣟且（但）能為時相家作
媒畢婚嫁，故連作帥臣，進陞祕職；百之初無履歷，與秦塤為姻家，附麗
權勢，驟為提學，繼守鄉郡。』故有是命。」（趙士㣟）

註 13 《宋史》卷 31，本紀 31，〈高宗八〉，頁 582：「檜姻黨戶部侍郎兼知臨安府
曹泳停官，新州安置。」（曹泳）

註 14 《宋史》卷 383，列傳 142，〈陳俊卿傳〉，頁 11784：「遂劾韓仲通本以獄事
附檜，冤陷無辜，檜黨盡逐而仲通獨全；劉寶總戎京口，恣掊尅，且拒命

不分戍；二人遂抵罪。」（韓仲通）

註15 （宋）胡銓，《胡澹庵先生文集》卷24，〈龍圖閣學士贈少傅趙公墓誌銘〉，
12a～12b、14a，下冊，頁1242、1245；《宋史》卷247，列傳6，〈趙子濿
傳〉，頁8747。（趙子濿）

註16 《宋史》卷385，列傳144，〈錢端禮傳〉，頁11829。（錢端禮）

註17 林安宅諂事宰相史浩、近習龍大淵，見（宋）王十朋，《王十朋全集·文集》
（上海，上海古籍出版社，1998年），卷3，〈論林安宅劄子〉，頁625～
626：「安宅出入史浩、龍大淵之門，其在都司也，進則見浩，退則見大淵。
天府之除不由正道，物議咸鄙薄之，有從何處來之語。浩與大淵結為死黨，
及二人反目，浩託安宅和之。安宅既欲效勤於浩，又欲獻佞於大淵，遂造
其室，為奴顏婢膝之態，士夫傳以為笑……今安宅乃自託於大淵之門，以
盜威福。陛下且不私大淵，其肯私其門下士乎？」（林安宅）

註18 曾受張浚、錢端禮、宋孝宗賞識，見《宋史》卷390，列傳149，〈周淙傳〉，
頁11957～11958。（周淙）

註19 （宋）施宿，《嘉泰會稽志》（北京：中華書局，1990年），卷15，〈相輔〉，
10b，收於《宋元方志叢刊》，冊7，頁6992；宋高宗本欲用的是姚憲之兄
姚寬，因姚寬未及奉詔獲用而死，念及姚憲而用，見（宋）王明清，《揮塵
錄·後錄》（北京：中華書局，1964年），卷11，〈秦會之以姚宏不簽名，
卒以祈雨死大理獄中〉，頁217。（姚憲）

註20 韓彥古與近習曾覿有姻親關係，且互相幫忙，見《宋史》卷470，列傳229，
〈曾覿傳〉，頁13691；亦見於（宋）趙與時，《賓退錄》（臺北：新文豐出
版公司，民國74年），卷2，收於《叢書集成新編》，冊12，頁316；曾試
圖援曾覿謀起廢，見（宋）岳珂，《桯史》（北京：中華書局，1981年），
卷12，〈鄭少融遷除〉，頁141。（韓彥古）

註21 《宋史》卷390，列傳149，〈莫濛傳〉，頁11956～11957。（莫濛）

註22 （清）陸心源輯，《宋史翼》（北京：中華書局，1991年），卷13，〈沈复傳〉，
12b～13a，頁139～140。（沈复）

註23 《宋史》卷385，列傳144，〈蕭燧傳〉，頁11840；又見同書，卷469，列傳
228，〈甘昇傳〉，頁13673；《宋會要》職官72之14，〈黜降官九〉，冊8，
頁4974～4975：「（淳熙二年九月）二十二日，知臨安府胡與可與外任宮
觀。以言者論：『與可趨操柔邪，性姿詭譎。平生仕宦了無可稱，但以善於

結託，脂韋苟且，累經除用，遂為臨安守臣。厚斂重征，以資妄費，凡有爭訟，非賄不行。與可身雖卑污，無以戢吏，獨於士夫之間，乃敢肆其凌藉，倨氣傲色，專為凶德。』故有是命。既而復言與可罰未當愆，遂寢宮祠之命。」（胡與可）

註 24　《宋史》卷 364，列傳 123，〈韓世忠傳附子彥直〉，頁 11370。（韓彥直）

註 25　（宋）朱熹，《朱文公文集》（臺北：臺灣商務印書館，民國 64 年），卷 94，〈敷文閣直學士李公墓誌銘〉，11b，收於《四部叢刊初編》。（李椿）

註 26　（宋）陸游，《陸放翁全集・渭南文集》卷 34，〈尚書王公墓誌銘〉，頁 210、212。（王佐）

註 27　《宋史》卷 361，列傳 120，〈張浚附子枃傳〉，頁 11311～11313。（張枃）

註 28　《宋史》卷 404，列傳 163，〈孫逢吉傳〉，頁 12225：「初，工部侍郎兼知臨安府潘景珪結貴倖以進，司諫鄧駉屢疏其罪，景珪反以計傾之，除駉匠監。」（潘景珪）

註 29　《宋史》卷 394，列傳 153，〈謝深甫傳〉，頁 12040；《慶元黨禁》，收於《叢書集成新編》，冊 26，頁 433；（宋）李心傳，《道命錄》（臺北，新文豐出版公司，民國 74 年），卷 7 上，〈劉德秀論留丞相引偽學之徒以危社稷〉，收於《叢書集成新編》，冊 100，頁 194～195。（謝深甫）

註 30　《宋史翼》卷 14，〈蔡戡傳〉，14a～14b，頁 150。（蔡戡）

註 31　《宋史》卷 397，列傳 156，〈徐誼傳〉，頁 12084；《齊東野語》卷 3，〈紹熙內禪〉，頁 40、45；《四朝聞見錄》丁集，〈考異〉，頁 139；《慶元黨禁》，頁 433、434、435。（徐誼）

註 32　（清）黃宗羲、全祖望，《宋元學案》（北京：中華書局，1986 年），卷 97，〈附攻慶元偽學者〉，頁 3227；（宋）葉紹翁，《四朝聞見錄》（北京：中華書局，1989 年），丙集，〈單夔知夔州〉，頁 130；《四朝聞見錄》丙集，〈虎符〉，頁 91～92；（清）潘永因輯，《宋稗類鈔》（臺北：廣文書局，民國 56 年）卷 1，〈誅謫〉，頁 175～176；（宋）黃𪩘，《嘉定赤城志》（北京：中華書局，1990 年），卷 33，〈賜出身〉，21a～21b，收於《宋元方志叢刊》，冊 7，頁 7539。（錢象祖）

註 33　《宋史》卷 247，列傳 6，〈趙師𧇩傳〉，頁 8748～8749；（宋）葉適，《葉適集・水心文集》卷 24，〈兵部尚書徽猷閣學士趙公墓誌銘〉，頁 474～746。（趙師𧇩）

註 34　《齊東野語》卷 1，〈孝宗聖政〉，頁 2；《慶元黨禁》，頁 435。（丁逢）

註 35　（宋）談鑰，〈宋故通議大夫守尚書工部侍郎致仕休寧縣開國男食邑三百戶
　　　　贈宣奉大夫朱公晞顏行狀〉，16b、21b，收於（明）程敏政編，《新安文獻
　　　　志》（臺北：臺灣商務印書館，民國 72 年），卷 82，冊 1376，頁 348、350；
　　　　（宋）宋寧宗，〈工部侍郎朱晞顏制〉，29b～30a，收於（明）歐陽旦，《弘
　　　　治休寧縣志》（北京：書目文獻出版社，1988 年），冊 29，頁 674。（朱晞
　　　　顏）

註 36　《慶元黨禁》，頁 435；《宋元學案》卷 97，〈附攻慶元偽學者〉，頁 3227。
　　　　（趙善堅）

註 37　《宋會要》職官 74 之 38，〈黜降官十一〉，冊 9，頁 5064。（丁常任）

註 38　《宋會要》職官 74 之 28，〈黜降官十一〉，冊 9，頁 5057。（李澄）

註 39　與韓侂冑為姻親，見《宋史》卷 429，列傳 188，〈朱熹傳〉，頁 12768；因
　　　　反對北伐而反目，見《葉適集・水心文集》卷 18，〈朝請大夫主管沖佑觀
　　　　煥章侍郎陳公墓誌銘〉，頁 359。（陳景思）

註 40　《宋會要》職官 74 之 46，〈黜降官十一〉，冊 9，頁 5068。（王補之）

註 41　《延祐四明志》卷 5，〈人物考中・先賢〉，22a～22b，冊 6，頁 6212。（史
　　　　彌堅）

註 42　《宋史》卷 404，列傳 163，〈徐邦憲傳〉，頁 12231。（徐邦憲）

註 43　《齊東野語》卷 3，〈誅韓本末〉，頁 49～50；《宋史翼》卷 14，〈王柟傳〉，
　　　　14a，頁 151。（王柟）

註 44　《宋史》卷 41，本紀 41，〈理宗一〉，頁 799。（袁韶）

註 45　（明）徐象梅，《兩浙名賢錄》卷 27，〈吏治・宋二〉，20b，收於《續修四
　　　　庫全書》，冊 543，頁 63。（趙立夫）

註 46　《宋史》卷 419，列傳 178，〈余天錫傳〉，頁 12551～12553。（余天錫）

註 47　（宋）劉克莊，《後村先生大全集》卷 143，〈寶學顏尚書神道碑〉，15a、17b，
　　　　收於《宋集珍本叢刊》，冊 82，頁 446、447。（顏頤仲）

註 48　《宋史》卷 413，列傳 172，〈趙與懽傳〉，頁 12405、12406；大排行上為宋
　　　　理宗之兄，見同書卷 43，本紀 43，〈理宗三〉，頁 834。（趙與懽）

註 49　史嵩之長期在前線為帥臣，曾因反對端平入洛而暫離，然因三京之役失利，
　　　　旋回歸前線，自端平三年至嘉熙四年撤都督歸班止，見《宋史》卷 414，
　　　　列傳 173，〈史嵩之傳〉，頁 12423～12425。史岩之以權戶部尚書兼侍講兼

知臨安府，亦於嘉熙三年正月十八日免兼。（史岩之）

註 50　趙與懃與景獻太子同為趙希懌之子，見（清）霍銑，《光緒青田縣志》（臺
　　　　北：成文出版社，民國 64 年），卷 10，〈人物志・流寓〉，33b，頁 886。
　　　　趙與懃傳記見（明）朱謀垔，《畫史會要》（臺北：臺灣商務印書館，民國
　　　　72 年），卷 3，〈南宋〉，3b，收於《文淵閣四庫全書》，冊 816，頁 485；
　　　　與其兄與蕢並以治辦稱世，見（元）夏文彥，《圖繪寶鑑》（臺北：新文豐
　　　　出版公司，民國 78 年），卷 4，〈宋南渡後〉，1b，收於《叢書集成續編》，
　　　　冊 95，頁 684。（趙與懃）

註 51　《宋史》卷 423，列傳 182，〈趙與蕢傳〉，頁 12641〜12642；（宋）劉克莊，
　　　　《後村先生大全集》（北京：線裝書局，2004 年），卷 56，〈賜馬光祖依舊
　　　　觀文殿學士除提領戶部財用兼知臨安府恩命不允詔〉，10a，收於《宋集珍
　　　　本叢刊》，冊 81，頁 410；同前書卷 55，〈賜資政殿大學士正奉大夫提領戶
　　　　部財用兼知臨安府趙與蕢乞歸田里不允詔〉，4a〜4b，冊 81，頁 397。（趙
　　　　與蕢）

註 52　（元）馮福京，《大德昌國州圖志》（北京：中華書局，1990 年），卷 6，〈名
　　　　賢〉，5b，收於《宋元方志叢刊》，冊 6，頁 6096。（余天任）

註 53　（宋）胡榘，《寶慶四明志》（北京：中華書局，1990 年），卷 1，〈敘郡上・
　　　　郡守〉，33b，收於《宋元方志叢刊》，冊 5，頁 5008。（余晦）

註 54　厲文翁為外戚，見《宋史》卷 414，列傳 173，〈馬廷鸞傳〉，頁 12436。宋
　　　　理宗稱讚之語，見（清）王崇炳，《金華徵獻略》卷 8，〈名臣傳二〉，32a，
　　　　收於《續修四庫全書》，冊 547，頁 146。（厲文翁）

註 55　《宋史》卷 416，列傳 175，〈馬光祖傳〉，頁 12486；（宋）劉克莊，《後村
　　　　先生大全集》，卷 56，〈賜馬光祖依舊觀文殿學士除提領戶部財用兼知臨安
　　　　府恩命不允詔〉，9b〜10a，收於《宋集珍本叢刊》，冊 81，頁 410。（馬光
　　　　祖）

註 56　顧嵒為丁大全黨人、其女差點成為太子妃，事見《宋史》卷 45，本紀 45，
　　　　〈理宗五〉，頁 879；又見於同書卷 243，列傳 2，〈度宗全皇后傳〉，頁 8661、
　　　　《宋季三朝政要箋證》卷 3，理宗景定元年十月條，頁 272〜273。（顧嵒）

註 57　《宋史》卷 414，列傳 173，〈葉夢鼎傳〉，頁 12435。（洪燾）

註 58　《癸辛雜識》別集下，〈史宅之〉，頁 293；《齊東野語》卷 17，〈景定行公
　　　　田〉，頁 314；《宋史》卷 173，志 126，〈農田之志〉，頁 4195。（趙與嵓）

註 59 《宋元學案補遺》卷 25,〈高氏續傳〉,104a,收於《叢書集成續編》,冊 249,
頁 114。其知臨安府時史宅之已死,後因賈似道言「不宜用四明人士」,廢
黜不用,見張傳保,《民國鄞縣通志》,〈文獻志〉,收於《中國地方志集成‧
浙江府縣志輯》,冊 17,頁 156。(高衡孫)

註 60 《宋史》卷 173,志 126,〈農田之志〉,頁 4194;(元)方回,《桐江集》(臺
北:國立中央圖書館,民國 59 年),卷 2,〈讀宏翁弊帚集跋〉,頁 179;
同前書卷 3,〈乙亥前上書本末〉,頁 430。(魏克愚)

註 61 (宋)周密,《浩然齋雅談》(臺北:新文豐出版公司,民國 74 年),卷中,
收於《叢書集成新編》,冊 78,頁 233。(季鏞)

註 62 《宋史》卷 474,列傳 233,〈賈似道傳〉,頁 13782～13783。(劉良貴)

註 63 《宋史》卷 450,列傳 209,〈唐震傳〉,頁 13260。(潛說友)

註 64 《癸辛雜識》續集上,〈吳益登對〉,頁 107。(吳益)

註 65 《癸辛雜識》別集下,〈置士籍〉,頁 315。(朱浚)

註 66 (宋)高斯得,《恥堂存稿》(臺北:新文豐出版公司,民國 75 年),卷 3,
〈咸淳五年事〉,收於《叢書集成新編》,冊 65,頁 129:「而其徒黃萬石
輩亦曰:『今日之天下,賈氏再造之功也。安得不從其欲?安得輕使之
去?』」《宋史》卷 450,列傳 209,〈李芾傳〉,頁 13254:「咸淳元年,入
知臨安府。時賈似道當國,前尹事無鉅細先關白始行,芾獨無所問。福王
府有迫人死者,似道力為營救,芾以書往復辨論,竟置諸法。嘗出閱火具,
民有不為具者,問之,曰:『似道家人也。』立杖之。似道大怒,使臺臣黃
萬石誣以贓罪,罷之。」(黃萬石)

註 67 《癸辛雜識》前集,〈施行韓震〉,頁 52～53。(曾淵子)

註 68 《延祐四明志》卷 5,〈人物考中‧先賢〉,20b～21a,收於《宋元方志叢刊》,
冊 6,頁 6211。(趙孟傳)

註 69 見李華瑞,〈文天祥與宋末宰執之關係考〉,《宋代史文化研究》(成都:四
川大學出版社,2009 年),第 17 輯,頁 398～403。(文天祥)